「ことば力」が身につく！
語彙力アップ・パズル
小1〜小3

筑波大学附属小学校 **桂聖** ◆監修

実務教育出版

はじめに
おうちの方へ

「うちの子は、言葉をあまり知らないなあ……」「うちの子は、お話がうまくできないなあ……」という悩みはありませんか。

　あなたのお子さんは、もしかしたら「語彙」でつまずいている可能性があります。「語彙」とは、「個人が使用する語の総体。ボキャブラリー」。平たく言えば、「頭の中の国語辞典」のようなもの。

　頭の中の国語辞典に載っている言葉が少ないと、説明することも、本を読んで理解することも、難しくなります。ましてや、学力向上も期待できません。つまり、「語彙力＞国語力＞学力」。小学生のうちに語彙力を高めておくことは、とても大切なのです。

　では、語彙力は、どのように高めていけばよいのでしょうか。親子の会話、読み聞かせなどもよいのですが、「言葉のパズル」も効果の高い方法です。「さまざまな言葉を知る」「知っている言葉の中から適切な言葉を引き出す」練習になるからです。

　本書では、「小学校の教科書」「日本図書館協会選定図書」から言葉を選びました。重要な言葉ばかりです。フルカラーで、ヒントのイラストもあるので、お子さんは楽しく取り組むことができるでしょう。

　もしもひとりで取り組むことが難しい場合、最初のうちは、ぜひ親子一緒に解いてみてください。ヒントも出してあげてください。解けた喜びを一緒に味わってください。そのうちに、親の力を借りなくても、ひとりでどんどん解いていくようになります。

　本書のパズルで、語彙力・国語力・学力を楽しく鍛えていきましょう。

2015年7月　筑波大学附属小学校　桂聖

語彙力アップ・パズルをはじめる前に

レベル★〜★★★とは？

★の数は学年をあらわしています。
レベル★は、
おもに1年生で学習する内容に合った問題です。
同じように、
レベル★★は、
おもに2年生で学習する内容に合った問題です。
レベル★★★は、
おもに3年生で学習する内容に合った問題です。

レベル★〜★★★の問題は？

レベル★の問題には、
1年生で習う国語、算数、生活、音楽、図工、体育
の重要語句、言葉が出てきます。
同じように、レベル★★の問題には、
2年生で習う国語、算数、生活、音楽、図工、体育
の重要語句、言葉が出てきます。
レベル★★★の問題には、3年生で習う教科に理科、社会がくわわりますので、
国語、算数、理科、社会、音楽、図工、体育
の重要語句、言葉が出てきます。
そのため、この語彙力アップ・パズルをとくと、授業の復習にもなって、とても勉強になるのです。

答えは？

答えは本の後ろのほう、106ページ〜にあります。
答えの解説文は、4年生以上で習う漢字も使っていますが、読みがなをふってあります。
終わったら、チェック欄に○を書こう。お母さんに書いてもらってもいいね。

チェック欄

語彙力アップ・パズル（クロスワード）の ルール

クロスワードのマスは、タテとヨコの2種類あります

問題には、タテのカギと、ヨコのカギがあるよ。
タテのカギは、タテのマスに問題の答えを書いてね。
ヨコのカギは、ヨコのマスに問題の答えを書いてね。

小さい「っ」「ゃ」は大きい「つ」「や」と書きます

小さな文字は、大きく書いてね。「っ」は「つ」、「ゃ」は「や」、「ゅ」は「ゆ」、「ょ」は「よ」と書くよ。

数字は、ひらがなにして書きます

「100」は「ひやく」とひらがなで書いてね。「1234」ならば「せんにひやくさんじゆうよん」と書くよ。

ルール4 カタカナ、アルファベットもひらがなにします

カタカナもひらがなで書いてね。「カスタネット」は「かすたねっと」と書くよ。また、アルファベットもひらがなにして書いてね。「km」は「きろめーとる」と書くよ。

ルール5 のばす音は「ー」と書きます

のばす音はそのまま「ー」と書いてね。たとえば「ボール」は「ぼーる」、「スーパー」は「すーぱー」と書くよ。「サッカー」ならば「さっかー」と書くよ。

目次

はじめに	001
語彙力アップ・パズルをはじめる前に	002
語彙力アップ・パズル（クロスワード）のルール	004
語彙力アップ・パズル（クロスワード）のとき方	006

問題		答え	
★	010	★	106
★★	042	★★	121
★★★	074	★★★	136

語彙力アップ・パズル（クロスワード）の とき方

れい題を見て、とき方を覚えてね。

れい題1

タテのカギ

1 お花を育てるために、土にこれをまこう。

ヨコのカギ

1 ねこはねこでも、小さな子どものねこは？

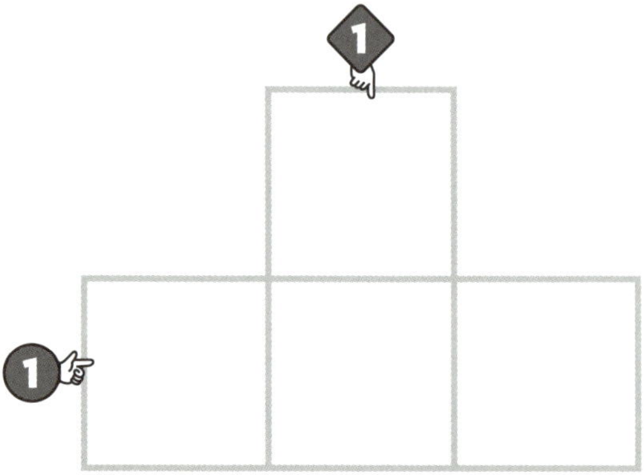

答えがわかったら、マスに答えを書いてみよう！

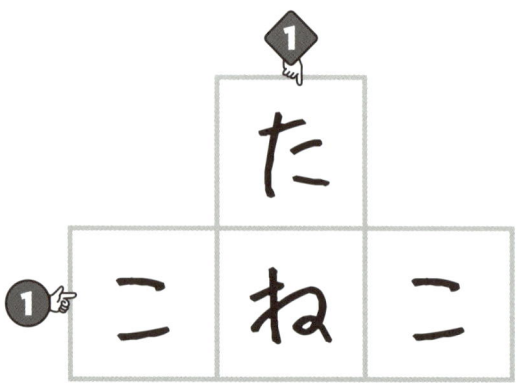

れい題2

タテのカギ

① 6、7、8、次の数は？

ヨコのカギ

① サッカーでゴールを守っているのは？

注目！

「9」の「きゅう」は、マスに書くときは「きゆう」と、「ゆ」を大きな文字で書くよ。
「キーパー」は、カタカナではなく、ひらがなで「きーぱー」と書いてね。

れい題3

タテのカギ

① 今日は家族みんながおでかけ。ぼくはお○○番。

② 野球やサッカーで使う丸いものは？

ヨコのカギ

① 100 cm は、1○○○○だね。

1 どうぶつを かぞえる とき、一ぴき、二ひき、三びき、その つぎは？

2 ごはんを たべる ときに いう、あいさつの ことばは？

3 ず1の がっきの 名まえは？

ず1

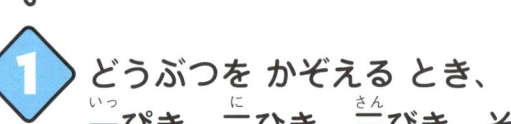

1 99、100、□□□、102、103 と つづいた とき、□の すう字は？ ひらがなで こたえてね。

2 ぎゅうにくを きって、フライパンで やく りょうりは、ビーフ○○○○。

3 火よう日の つぎの 日は、なんよう日？

2 もん レベル ★☆☆

タテのカギ

1. ぎゅうにゅうの いろは、○○○いろ。

2. 赤い いろが おおくて、かわを むいて たべると おいしい くだもの。

3. とけいを もって いる 人に、じかんを きく ときは、「いまは ○○○○○○○ですか?」と きくよ。

ヨコのカギ

1. 学校で、白ぐみ、赤ぐみに わかれて うんどうを する たいかいは?

2. 「六日」は「むいか」、「八日」は「ようか」、「七日」の よみかたは?

3. ずこうの じかんに、ものを くっつける ときに つかう もの。でんぷんで つくられて いるよ。

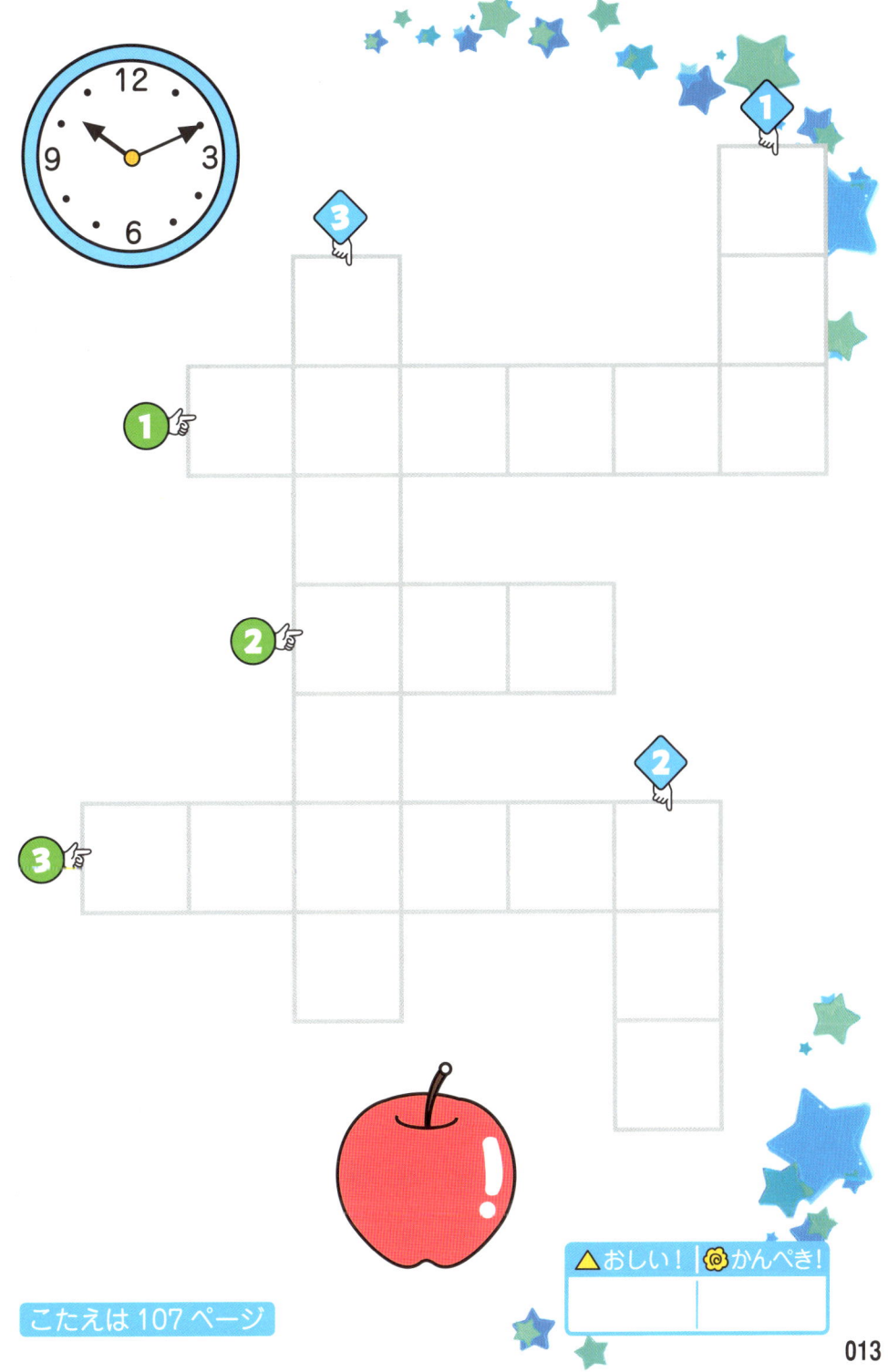

3 もん　レベル

1. お正月に 空に あげて あそぶのは、○○あげ。

2. ハーモニカは ハーモニカでも、すっても 音が 出ない ものは？

3. 1000円で、500円の ものを かったよ。おつりは、いくらかな？

1. 3＋1は、たしざん、3－1は？

2. こうさくに つかう もので、かみを きったり する どうぐ。

3. みんなで はしって あそぶ ○○○○は、たのしい。

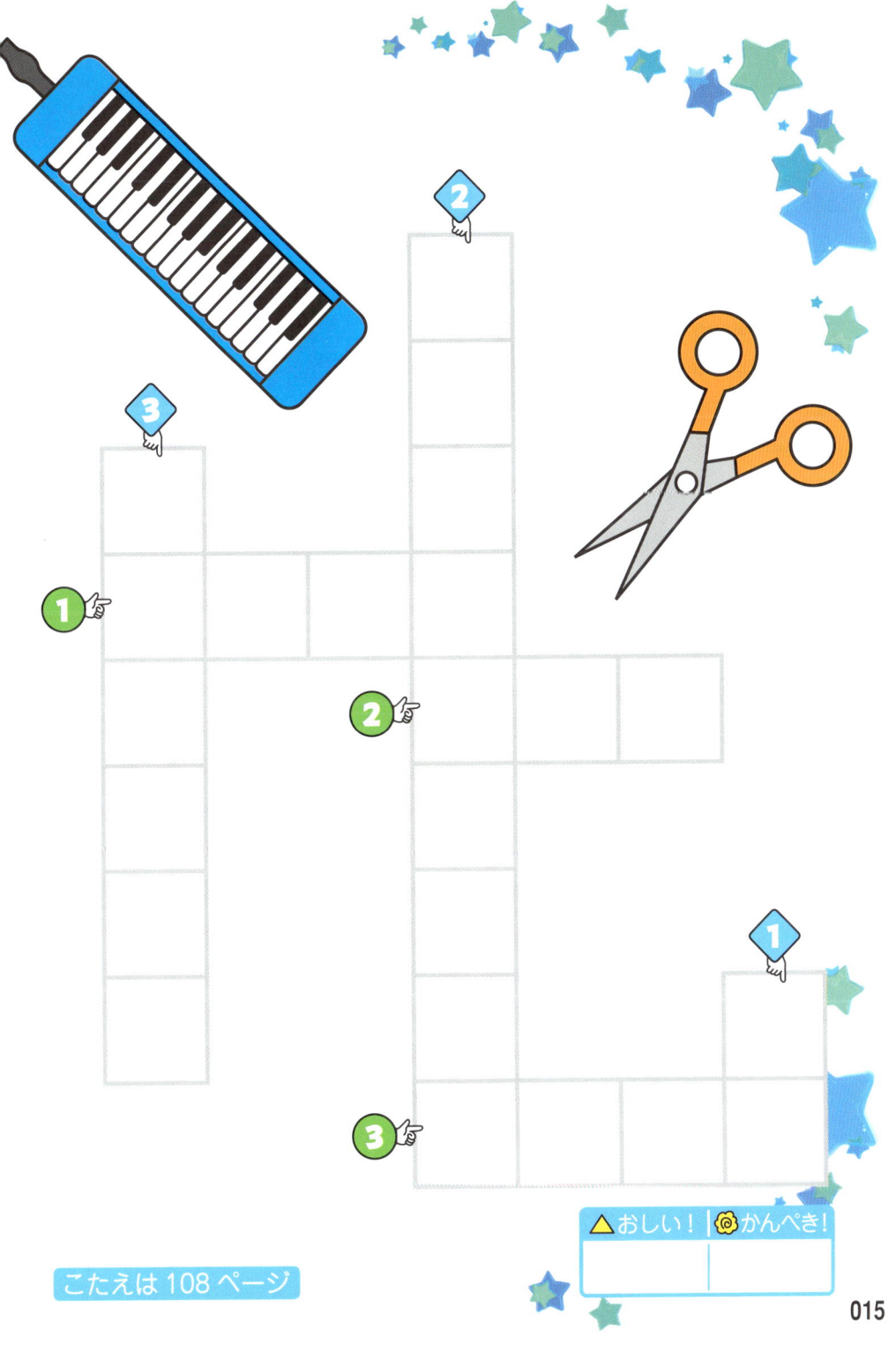

4 もん　レベル

こん虫あて パズル

つぎの 1 から 8 までの、こん虫の 名まえを あてよう。ヒントは、かげを 見てね！

  むし

 ば

  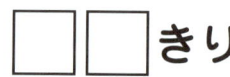きり

 み□□ち

 **5**

 **6**

 **7**

 **8**

こたえは 109 ページ

5もん　レベル ★☆☆

タテのカギ

1 ずこうの じかんに つかう もので、手で こねると、いろいろな かたちに なるよ。

2 12日、13日、14日、その つぎは？

3 「小さい」の はんたいの ことば。

ヨコのカギ

1 小学校に あがると、なん年生に なるかな？

2 「車」の、べつの いいかたは なに？

3 ♪「うみは ひろいな 大きいな　月が のぼるし 日が しずむ」は、なんと いう うた？

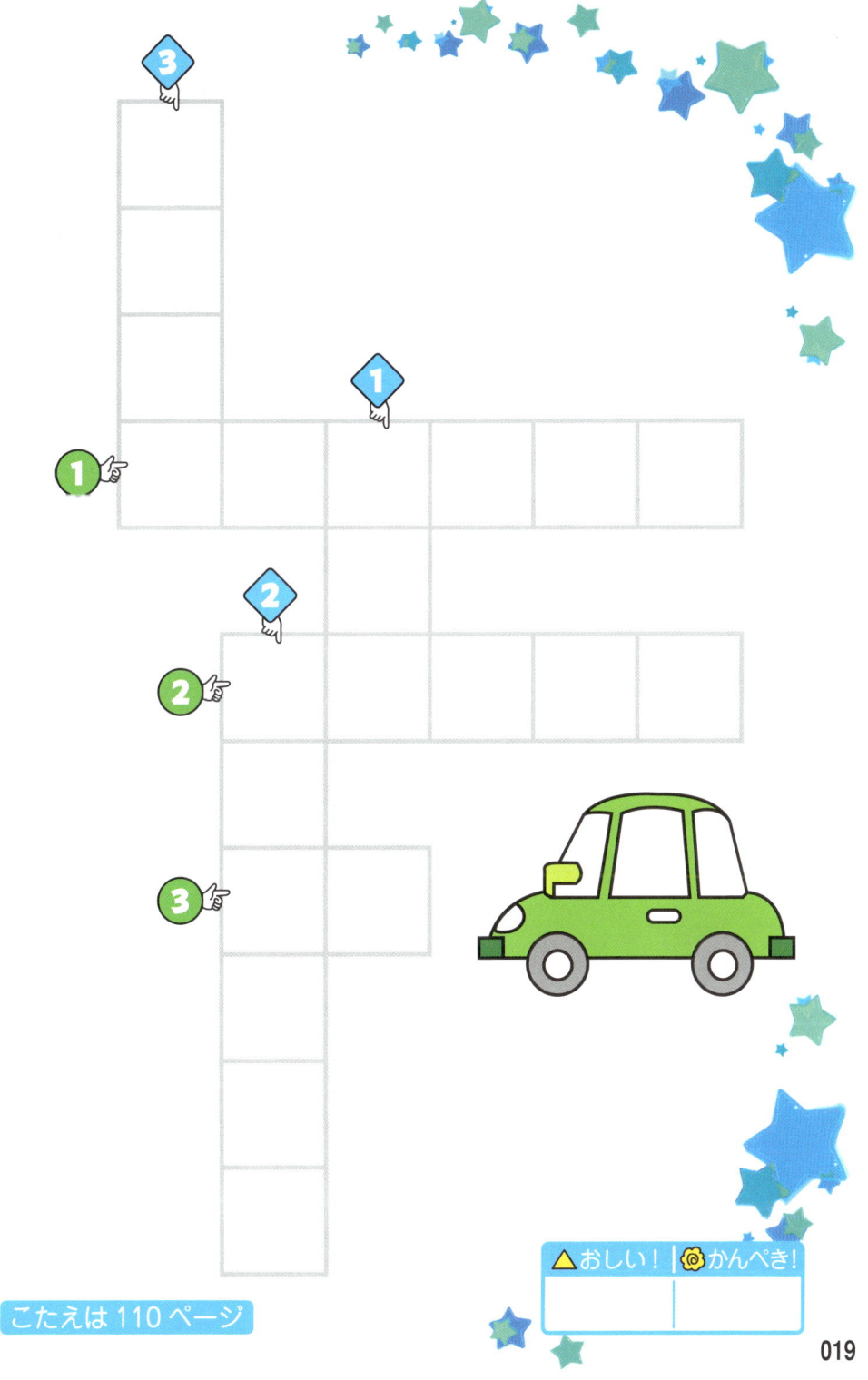

こたえは 110 ページ

6 もん レベル ★☆☆

タテのカギ

1 左足を うしろに ひいたら、○○○○が まえに 出る。

2 「おそい」の はんたいの ことば。

3 ず1の とけいを 見てね。じこくは、なんじなん分？

ず1

ヨコのカギ

1 はさみを 人に わたす ときは、気を つけよう。じぶんが もつのは はさみの さき？ はさみの よこ？

2 なつの よぞらに、川のように ほしが いっぱい 見える ものは、なんと いう？

3 年まつから、お正月に かけての お休み。

こたえは 111 ページ

1 もん　レベル ★☆☆

タテのカギ

1 はねが ついて いて、かぜが ふくと くるくる まわる もの。

2 ず1を 見て みよう。この がっきの 名まえは？

3 「右」の はんたいの ことば。

ず1

ヨコのカギ

1 うみべに おちて いて、いろんな かたちや いろを した もの。○○がら、と いうよ。

2 ♪『かたつむり』の うたの 1ばんの かしは、「でんでん むしむし かたつむり　おまえの ○○○は どこに ある」。○○○は なに？

3 さむい ふゆなどに、みんなが かじに 気を つけるよう、そとを あるきながら よびかける ことば。

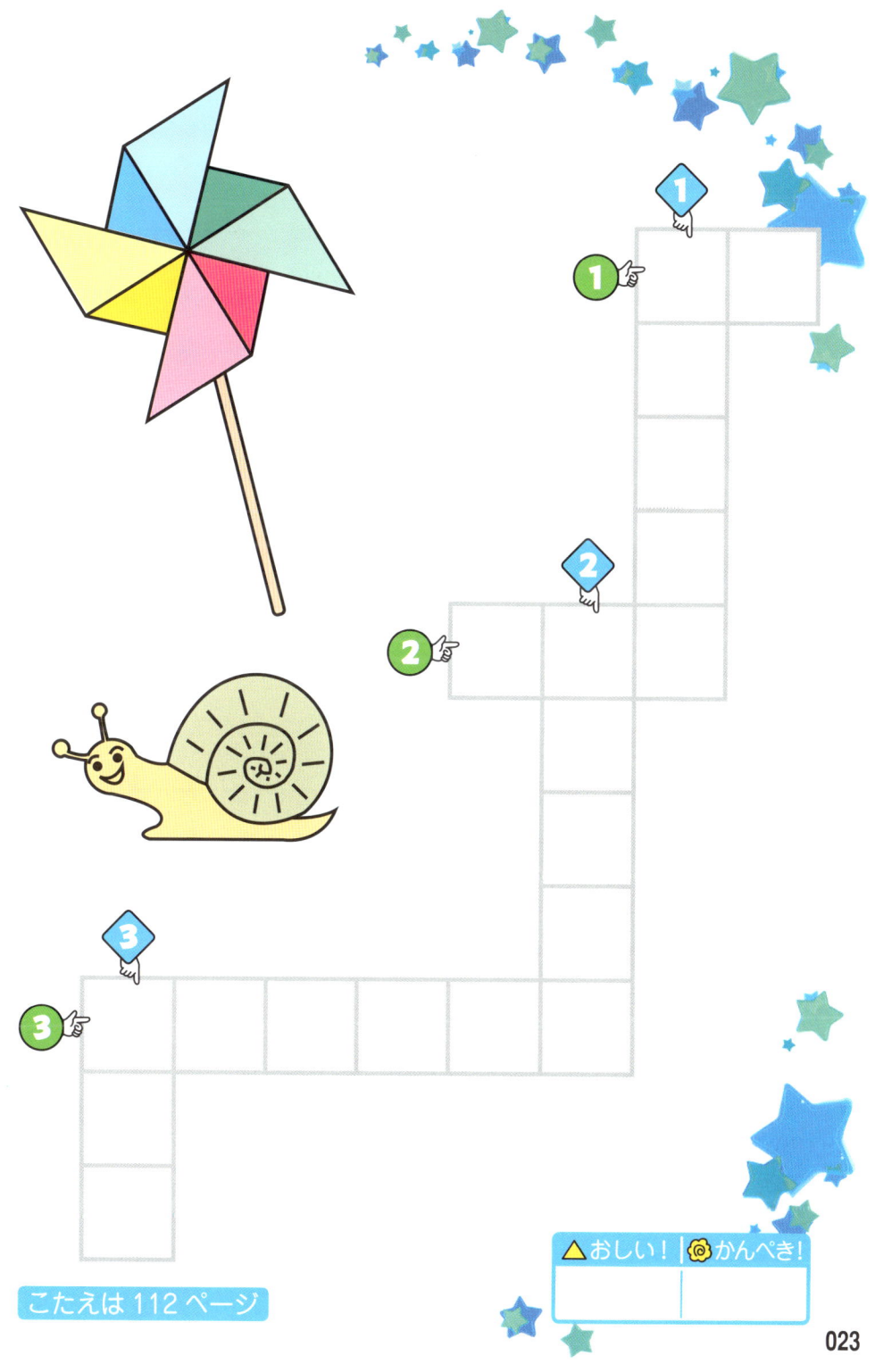

こたえは 112 ページ

8 もん　レベル ★☆☆

どうぶつあて パズル

 かげが ヒント！

つぎの ①から ⑧までの、どうぶつの 名まえを あてよう。ヒントは、かげを 見てね！

  に□□り

  □□る

  もる□っ□

  □□□□いんこ

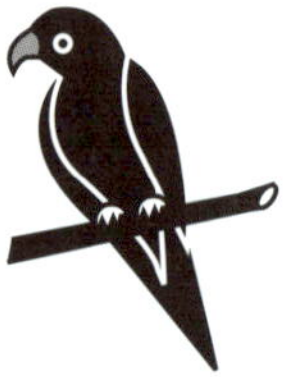

  はむ□□ー

  う□□

   □こ

  □ぬ

こたえは113ページ

9 もん　レベル

1 やきゅうや サッカー、
ドッジボールで つかう まるい もの。

2 はたけと にて いて、おこめを つくったり
する ところ。「田(た)」とも いうよ。

3 すう字(じ)の 108に 1を たすと？

ヨコのカギ

1 ♪「ああ うつくしや　日本(にほん)の はたは」
と いう うたの だい名(めい)は『○○○○の はた』。

2 にわに ざっ草(そう)が いっぱい 生(は)えて きたから、
みんなで ○○とりを しよう。

3 たいようが しずむ ころ、だんだん くらく なる、
よるに なる まえ。

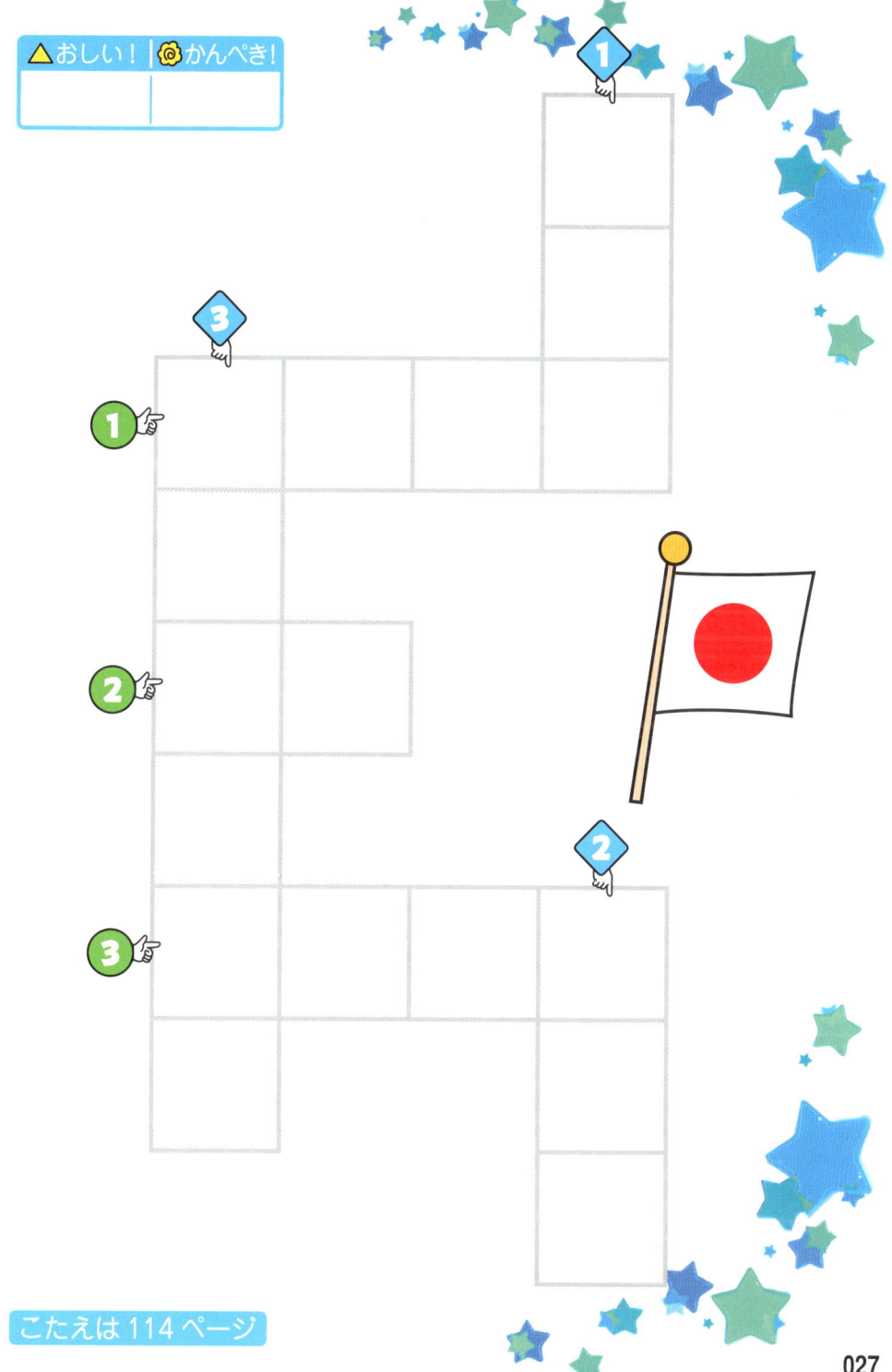

① 「あけまして おめでとう ございます」
と あいさつを するのは、いつ？

② かみを 35まい もって いました。
5まいを たすと、ぜんぶで なんまいかな？

③ 学校で、べんきょうを おしえて くれたり、
クラスの おせわを して くれる 人。

ヨコのカギ

① 「王」と おなじ いみの ことば。
ライオンは どうぶつの ○○○○と いうよ。

② 1まん円さつが 1まいと、おなじなのは、
○○○○○○が 10まい。

③ ず1を 見て こたえよう。
この どうぐの 名まえは
○○ぐるま。

ず1

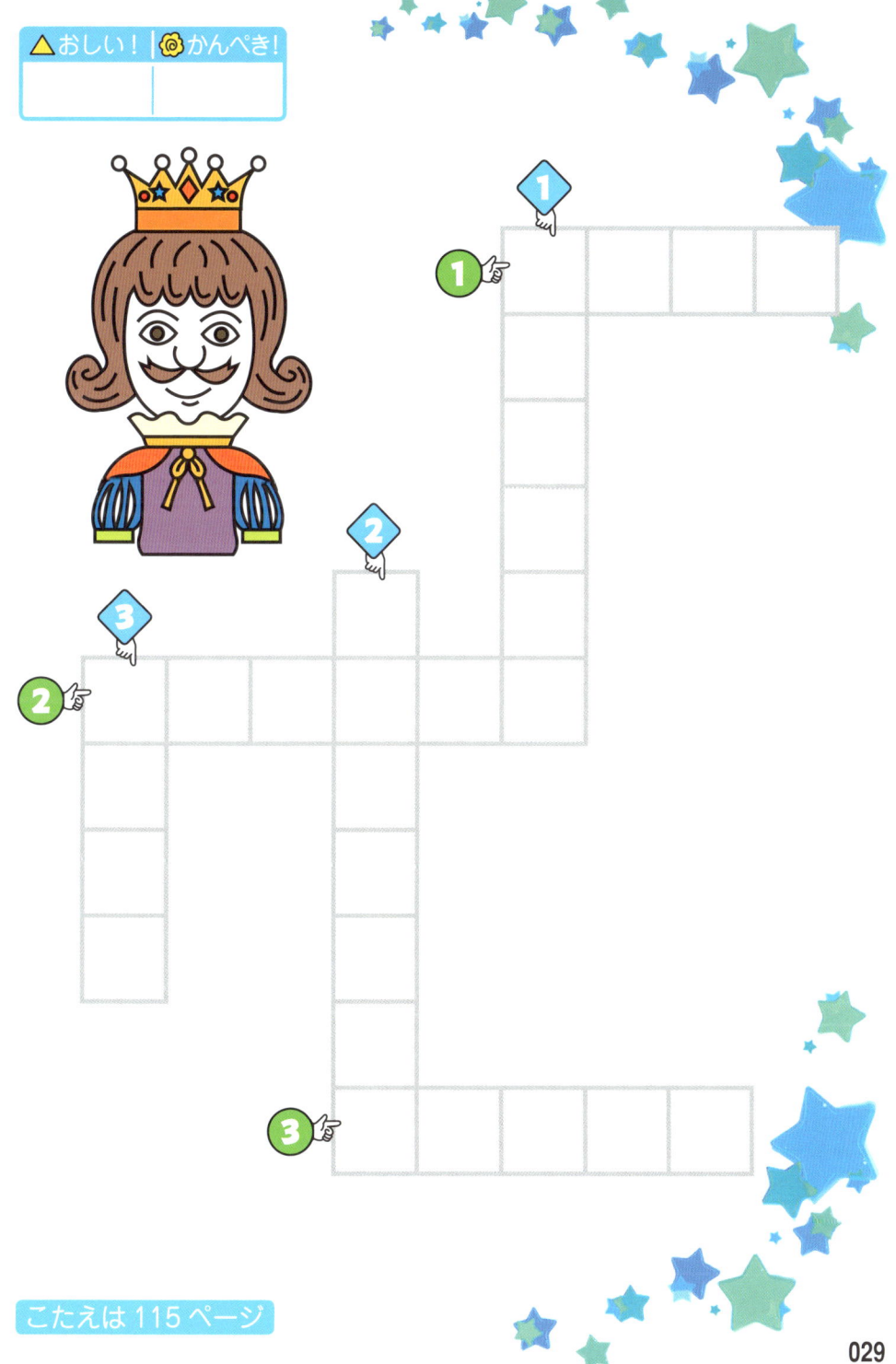

こたえは 115 ページ

11 もん　レベル ★★★

タテのカギ

1 ず1は、がっきのえ。名まえが わかるかな。

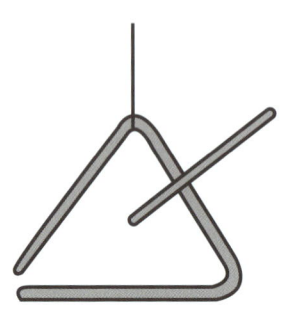

ず1

2 3年、○○、5年、6年。○○には なにが 入る？ひらがなで、こたえてね。

3 学校の 3学きが おわる 月。

ヨコのカギ

1 にんげんの ペットに なる ことが おおい どうぶつ。ねこと ちがって、さんぽが 大すきだよ。

2 ぼうしを かぶった 人は、まえから なん人目？

3 よる、いろいろな かたちで 空に 見える もの。

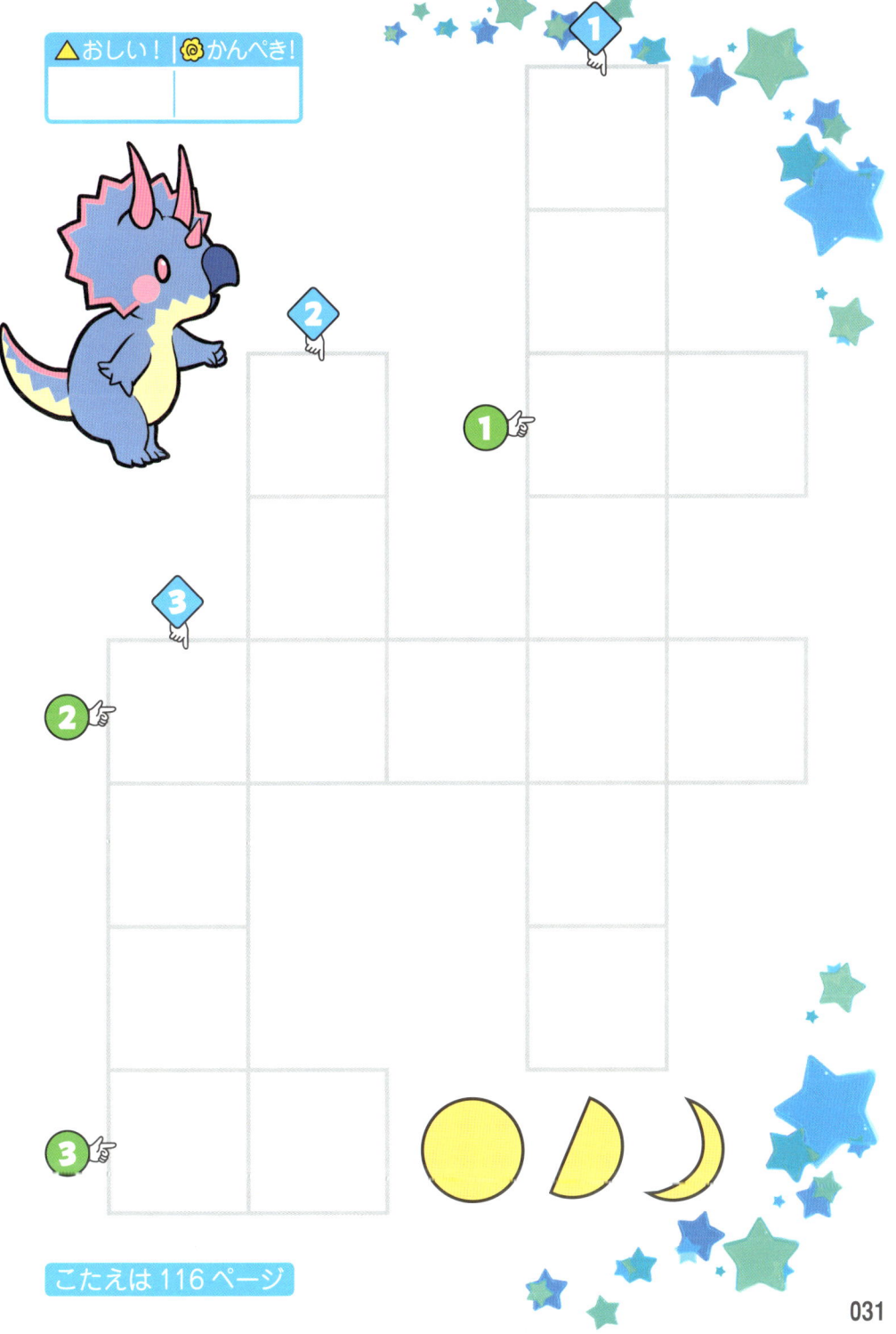

12 もん　レベル

しょくぶつあて パズル

えと 名まえを せんで つなごう。ぜんぶ しって いるかな？　できるかな？

とい1

　●　　　● まつのみ

　●　　　● ちゅーりっぷ

　●　　　● いちょう

　●　　　● たんぽぽ

⚠ おしい！	🌼 かんぺき！

とい2

- ●   ● あさがお
- ●   ● どんぐり
- ●   ● ひまわり
- ●   ● かえで

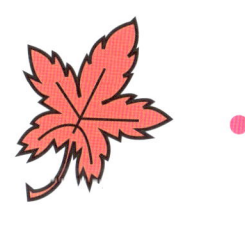

こたえは 117 ページ

13 もん　レベル ★☆☆

タテのカギ

1 1人なら、「子ども」。
2人 いじょうなら 「○○○○○」と いう。

2 「7人」は、「しちにん」と よむ。
でも、もう 1つ、よみかたが あるよ。

3 たいようが 出て、くもの ない 空の いろは、
とても ○○○ね。

ヨコのカギ

1 男の子は 11人、女の子は 13人。
おおいのは どちら？

2 まるい おかしで、まん中に
あなが あいて いる たべもの。

3 竹が いっぱい 生えて いる ところは
○○やぶ。
おなじような ことばに、「竹林」が あるよ。

⚠ おしい！	🌼 かんぺき！

こたえは 118 ページ

14 もん　レベル ★☆☆

タテのカギ

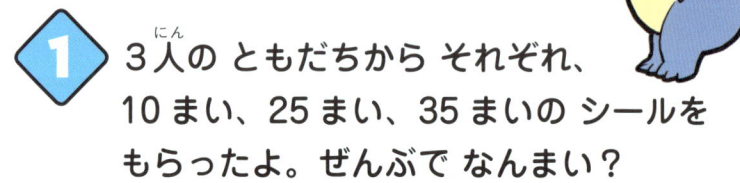

1 3人の ともだちから それぞれ、10まい、25まい、35まいの シールを もらったよ。ぜんぶで なんまい？

2 「七つ」は「ななつ」、「八つ」は「やっつ」と よみます。「九つ」は？

3 「気が つかない」の はんたいの いみは、「○○ つく」。

ヨコのカギ

1 4本 あった バナナを 1本 たべました。○○○は 3本。

2 ともだちと 手と 手を ○○○と、なかよく なれるよ。「にぎる」と おなじ いみだよ。

3 おうだんほどうの しんごうきの いろは、赤、青と、もう 1つは なにいろ？

△おしい！ ◎かんぺき！

こたえは 119 ページ

15もん　レベル ★☆☆

ふゆの くらし パズル

年まつから お正月まで

年まつから お正月までは、日本人に とって、とっても たいせつな じき。むかしから つたわって いる ぎょうじや あそびが たくさん あるよ。
えを 見て、□に ひらがなを 入れてね。

1 としこし□□

2 □□そうじ

3 お□□

4 お□□に

⚠おしい！	かんぺき！

5 □□□とり

6 たこ□□

7 はご□□

8 はつ□□□

こたえは 120 ページ

つぎからは
むずかしくなるよー

年(ねん)生(せい)

16 もん　レベル ★★☆

タテのカギ

1 夏にある、長いお休みとは？

2 「だいじ」と同じいみのことばは？

3 三角形の1つで、直角のある三角形は何と言う？

ヨコのカギ

1 「町内」と書いて、何て読む？

2 2×1、2×2、2×3、2×4、2×5、こういうかけ算を2文字で言うと？

3 図画工作でつかう道ぐ。ものを切るのにつかって、はを出したり、引っこめたりできるよ。

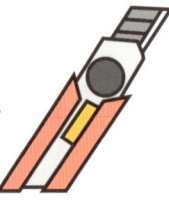

答えは 121 ページ

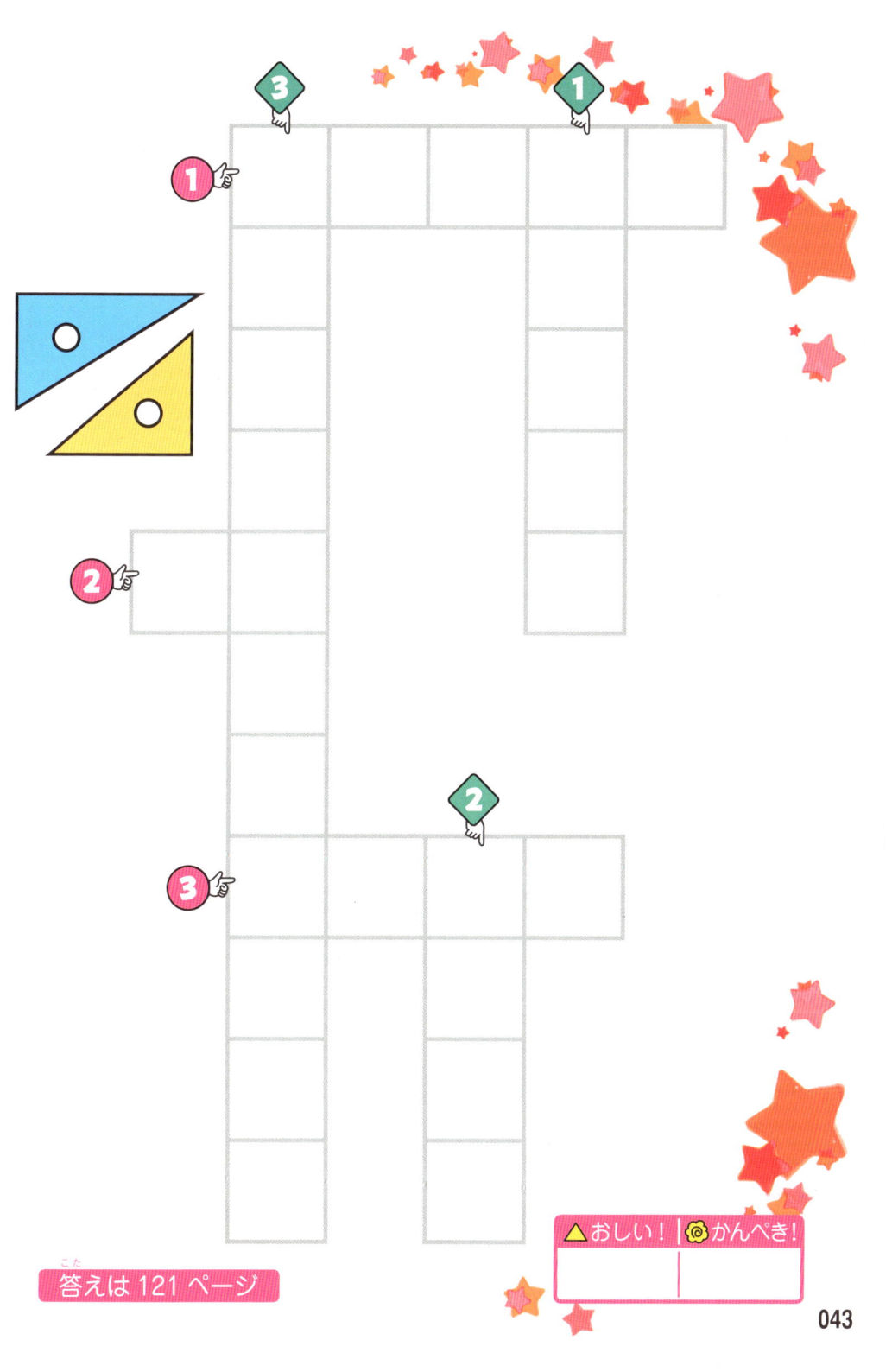

△ おしい！ ◎ かんぺき！

043

17 もん　レベル ★★☆

タテのカギ

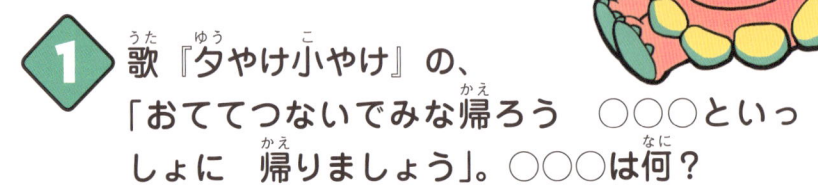

1 歌『夕やけ小やけ』の、「おててつないでみな帰ろう　○○○といっしょに　帰りましょう」。○○○は何？

2 5m 40cm を、すべて cm にすると何 cm？ひらがなで書いてみよう。

3 毎日のできごとや、思ったこと、気づいたことを書いたもの。

ヨコのカギ

1 1日を2つに分けると、午前と○○。

2 1分は60びょう。1時間は60分。1日は何時間？

3 ジュースをのんだりするときにつかうもの。工作の道ぐにつかうとおもしろいよ。

△ おしい！	🌸 かんぺき！

5m40cm → ?cm

答えは122ページ

18もん　レベル ★★☆

タテのカギ

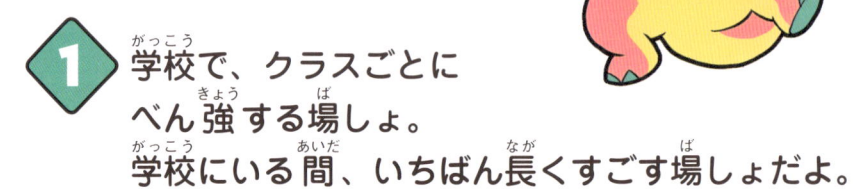

1 学校で、クラスごとにべん強する場しょ。
学校にいる間、いちばん長くすごす場しょだよ。

2 「四十二」は、読み方が2つあるよ。
「よんじゅうに」と、もう1つは？

3 草などが生えている「原っぱ」のことを、
べつの言い方をすると？

ヨコのカギ

1 「1010」は、何て読む？

2 歌『春が来た』の歌し、
「春が来た　春が来た　どこに来た
山に来た　里に来た」、つぎのことばは？

3 「大切」の「切」は、何と読むかな？

42

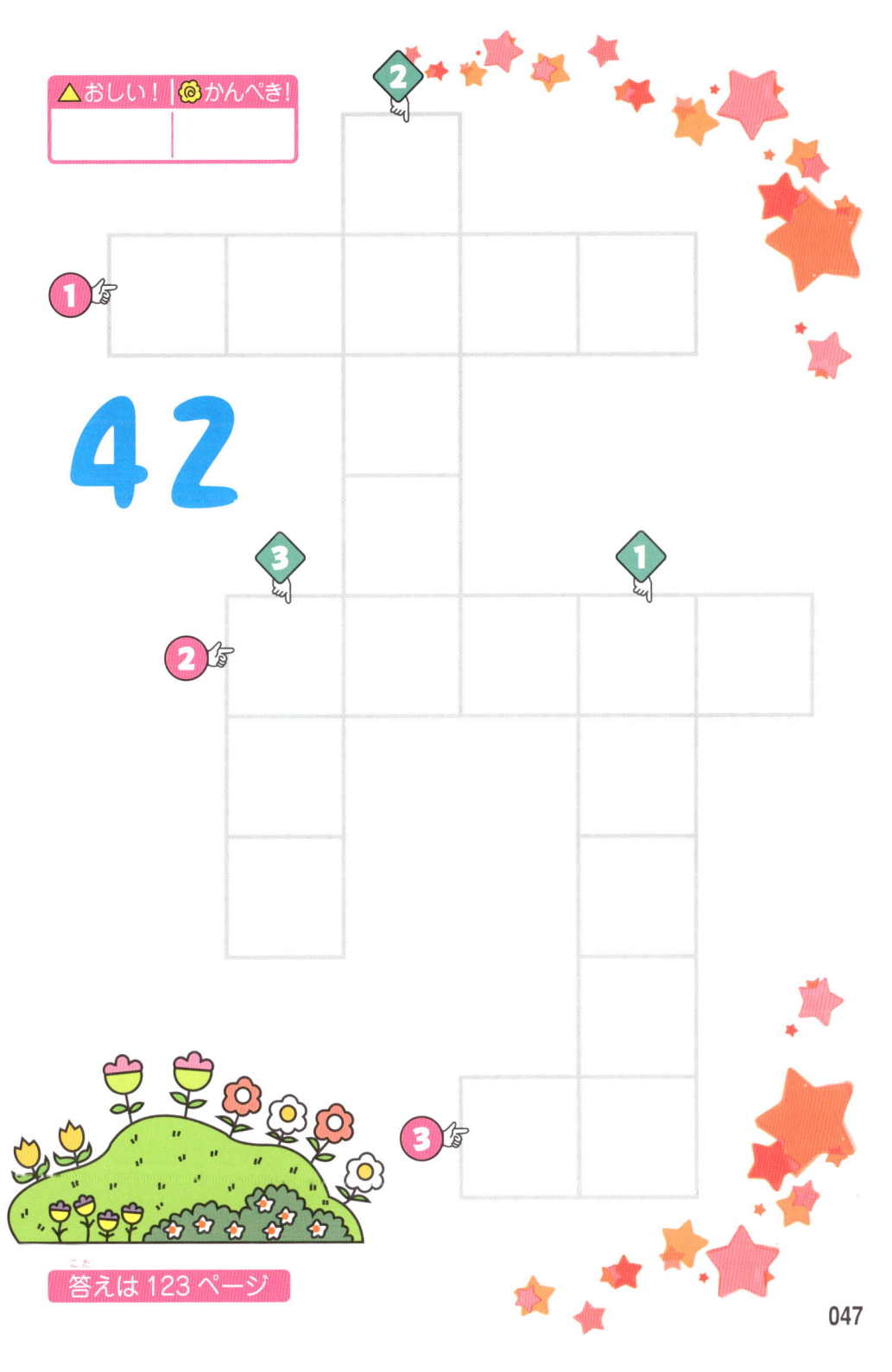

△ おしい！ | ◎ かんぺき！

答えは 123 ページ

19 もん　レベル ★★☆

タテのカギ

1. 「母」は「はは」、「父」は？

2. 計算の九九で、7×1、7×2、7×3、7×4、7×5……7×9は、何のだんの九九かな？

3. 図1を見て答えよう。これは何びょうしかな？

図1

ヨコのカギ

1. 「社会」をぜんぶひらがなで書いてみよう。

2. 同じ大きさに4つに分けた1つ分は、もとの大きさの何？

3. △は三角、□は？

⚠ おしい！	🌸 かんぺき！

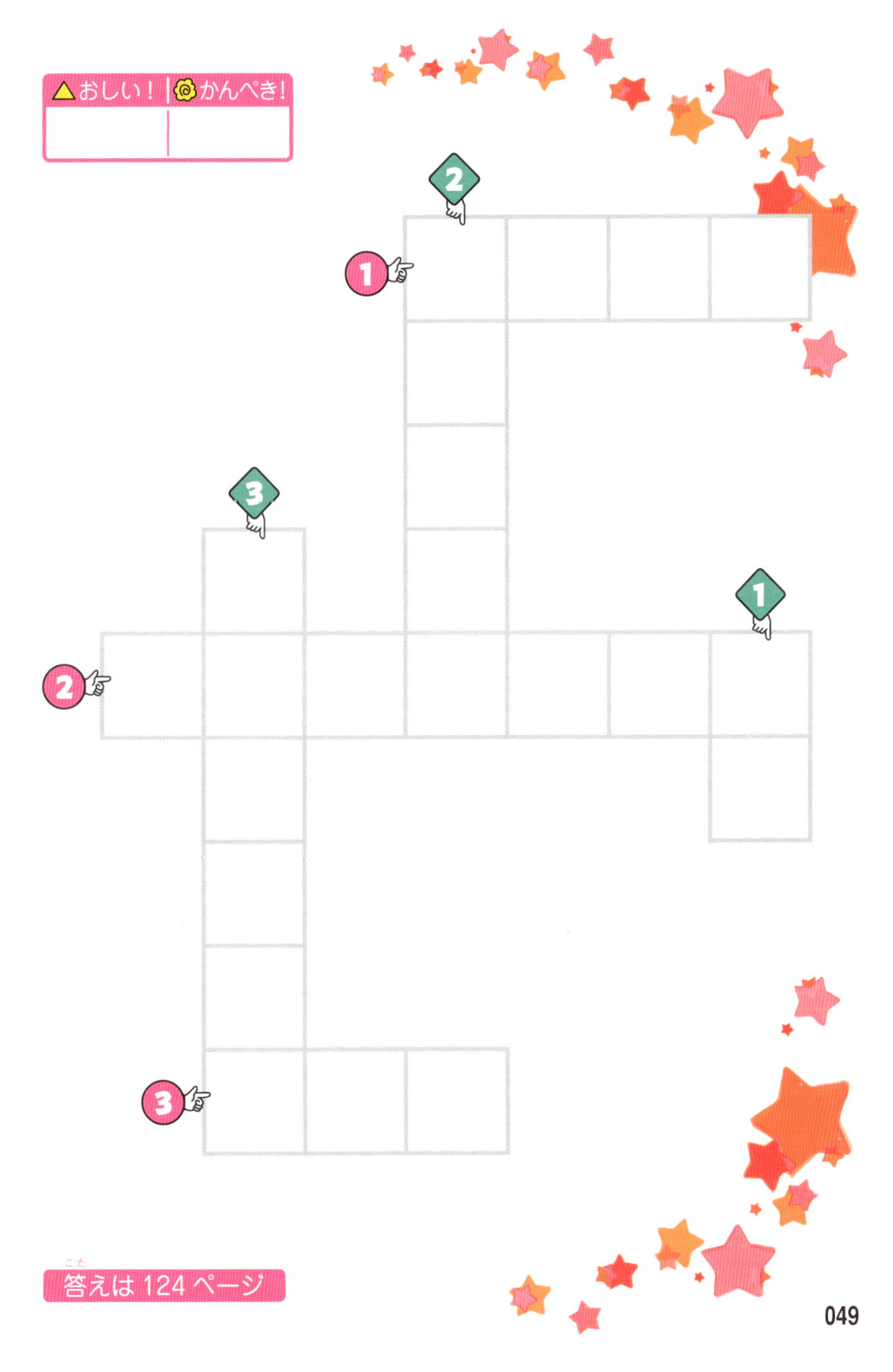

答えは124ページ

20 もん　レベル ★★☆

「今年はひつじ年」「来年はさる年だね」というように、「十二し」は毎年、じゅん番にかわります。絵を見て、その年の生きものの名前を答えよう。

ね年（　　　）　　うし年（　　　）

い年（　　　）

いぬ年（　　　）

とり年（　　　）　　さる年（　　　）

△おしい！	🌼かんぺき！

れい　十二しのじゅん番　生きものの名前
　　　　たつ年　　　　　（りゅう）

とら年（　　　）　　う年（　　　）

たつ年（りゅう）

み年（　　　）

ひつじ年（　　　）　うま年（　　　）

答えは125ページ

21もん　レベル ★★☆

タテのカギ

1　「1回」は「いっかい」、「2回」は「にかい」、「8回」は「はちかい」、「9回」は？

2　文ぼうぐの名前。紙をとじるときにつかうよ。

3　「・」は点、「────」は？

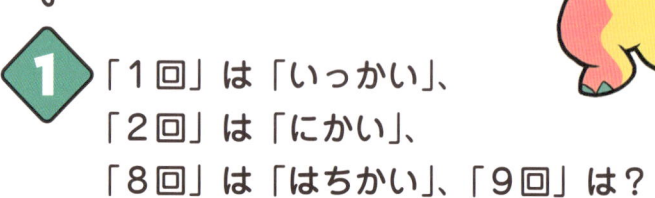

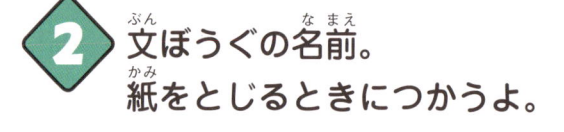

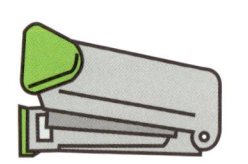

ヨコのカギ

1　夏のあとにきて、冬の前にくるきせつは何？

2　「しまい」と「きょうだい」、男の子だけなのは、どちら？

3　のりのように、ものをくっつけるときにつかう文ぼうぐだよ。のりよりも、くっつく力が強いよ。

△おしい！	❀かんぺき！

答えは126ページ

22もん　レベル ★★☆

タテのカギ

1 目ひょうをきめて、そのために行どうするには、何を立てる？

2 図工は、図画工作をみじかくしたことば。「図画工作」の読み方は？

3 ものを入れるときにつかうもので、工作のときにもつかうことがあるよ。紙でできたもの。

ヨコのカギ

1 体そうなどで体と体が合わさること。２ついじょうのものが１つになること。ヒントは、㋐○○㋑。

2 牛と馬、走ると足がおそいのは、どっち？

3 声に出して読むこと。

△おしい！ ❀かんぺき！

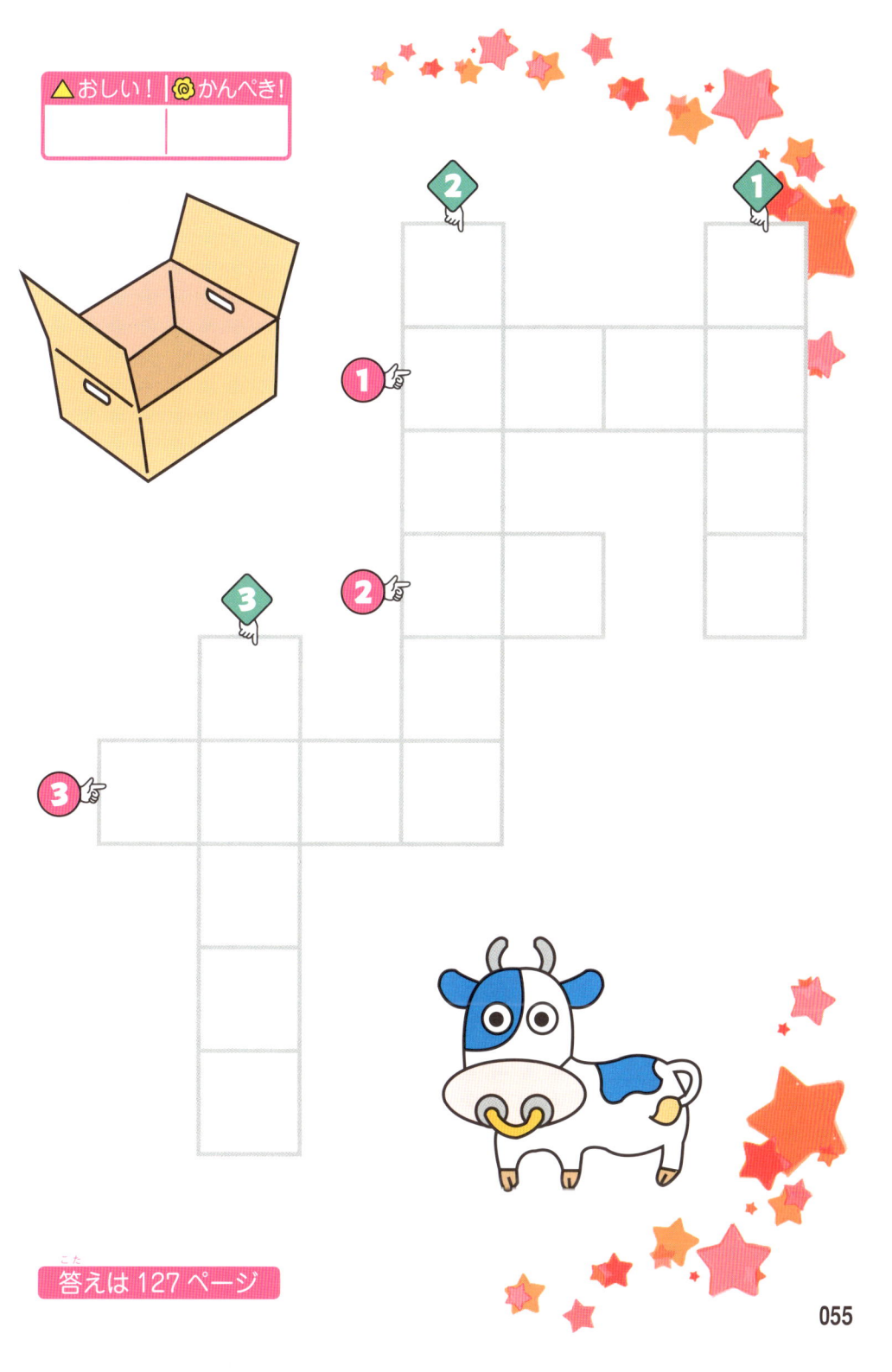

答えは127ページ

23もん　レベル ★★☆

タテのカギ

1 工作のときにつかう小さなナイフ。

2 姉は「あね」、兄は「あに」、妹は「いもうと」、弟は？

3 生活を中心に、社会やしぜんのことをべん強する教科。国語、算数、音楽、体いく、図工と同じで、学校でならうよ。

ヨコのカギ

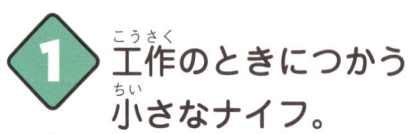

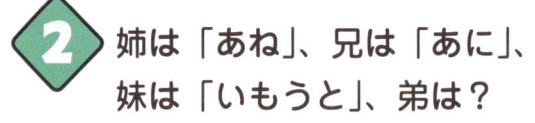

1 いすにすわってひく楽き。ピアノににているけど、パイプをつかって音を出す楽きだよ。

2 「ぼくには、兄と妹がいて、3人きょうだいです」と言うたろうくん。いちばん年下はだれかな？

3 夜にふく風のことを、何と言う？

▲ おしい！	❀ かんぺき！

24もん　レベル ★★☆

タテのカギ

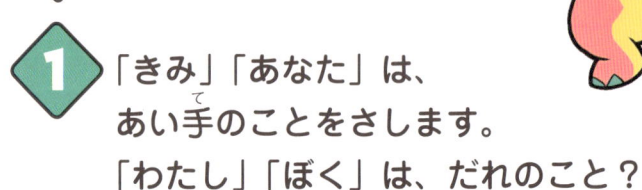

1 「きみ」「あなた」は、あい手のことをさします。「わたし」「ぼく」は、だれのこと？

2 じゃがいも、さつまいもと同じいものなか間。かわをむくとぬるぬるしているよ。

3 ねんどのしゅるいで、クリームのようにドロッとしているけど、時間がたつとかたくなるものは、何？

ヨコのカギ

1 時間と同じようなことばで、○○○。「今何時何分？」と聞くのは、○○○を知りたいから。

2 本がたくさんあって、読んだりかりたりすることができるところ。

3 水、お茶はのみもの。ごはん、おかずは？

▲ おしい！	🌼 かんぺき！

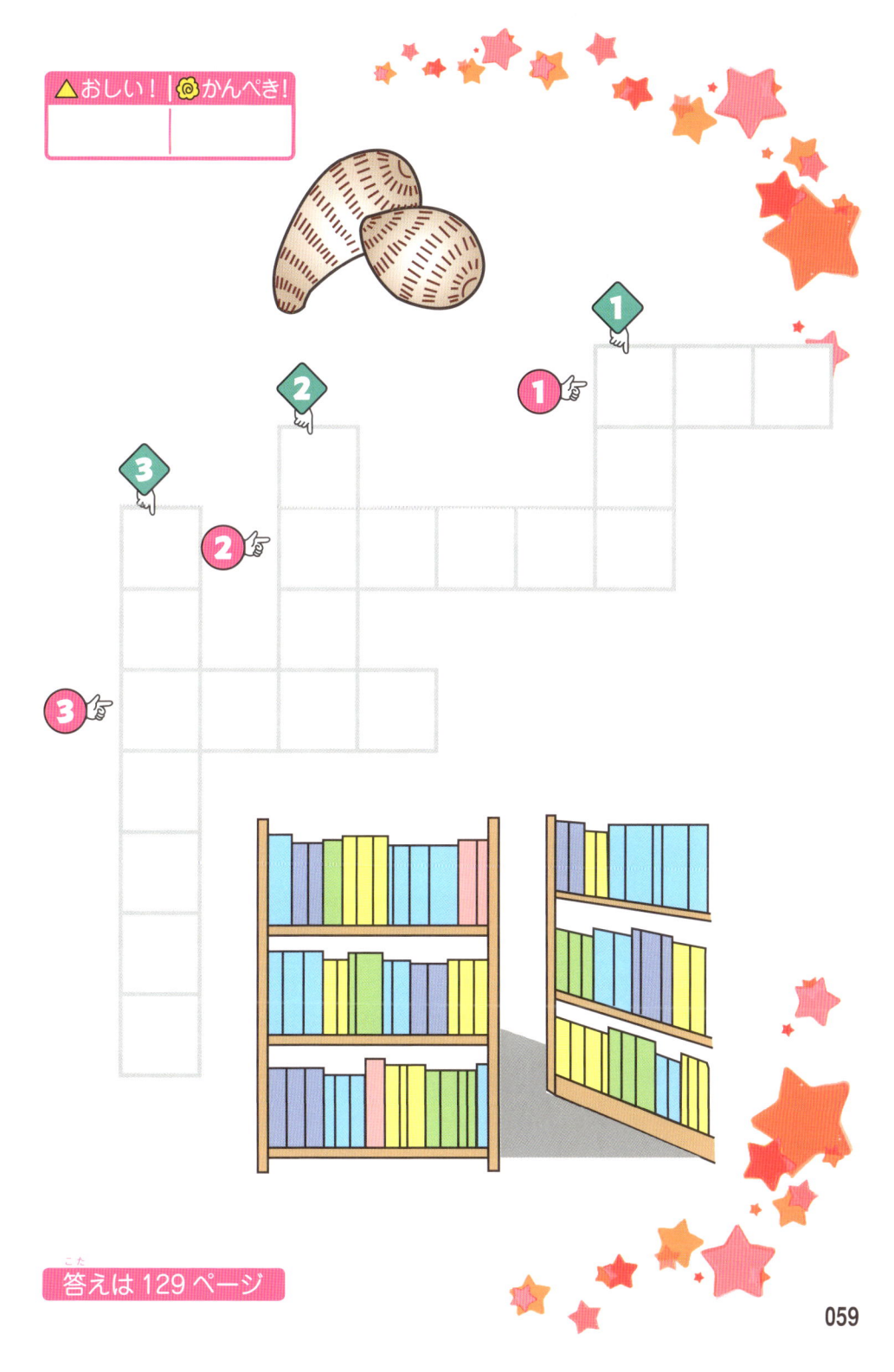

答えは 129 ページ

25 もん　レベル ★★☆

たろうくんは、お母さんといっしょにおすしやさんに入りました。お母さん、たろうくん、それぞれが食べたおすしは、次の絵の通りです。
たろうくんが食べたおすしの名前を答えよう。

お母さんが食べたおすし

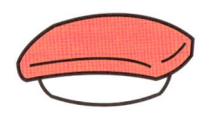

① まぐろ
② いわし 
③ あなご 
④ なっとう 
⑤ かっぱまき 
⑥ 数の子

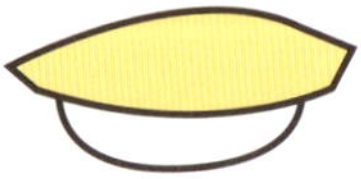

⚠ おしい！	🌼 かんぺき！

すし

たろうくんが食べたおすし

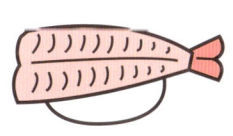

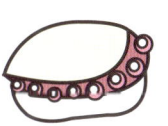

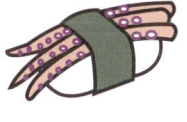

1 (　　　　　)　　4 (　　　　　)
2 (　　　　　)　　5 (　　　　　)
3 (　　　　　)　　6 (　　　　　)

答えは130ページ

26 もん　レベル ⭐⭐☆

タテのカギ

1. わたのようにやわらかい毛のこと。タンポポは花がさきおわると、この毛が風にのってたねをまくよ。
2. 4つの角がみんな直角で、4つのへんがみんな同じ長さの図形。
3. 人が歩くところは歩道、車が通るのは車道。「道」のそのほかの読み方は？

ヨコのカギ

1. チョコレートの絵をかくとき、つかう色は？
2. じゅん番で、きゅう食のじゅんびや日直をするとき、その番になることを、○○○○と言う。
3. どんなに大きな岩でも、後ろのほうや、下のほうは、日があたらないこともあるね。そういう場しょをⓘ○か○と言う。

△ おしい！	🌸 かんぺき！

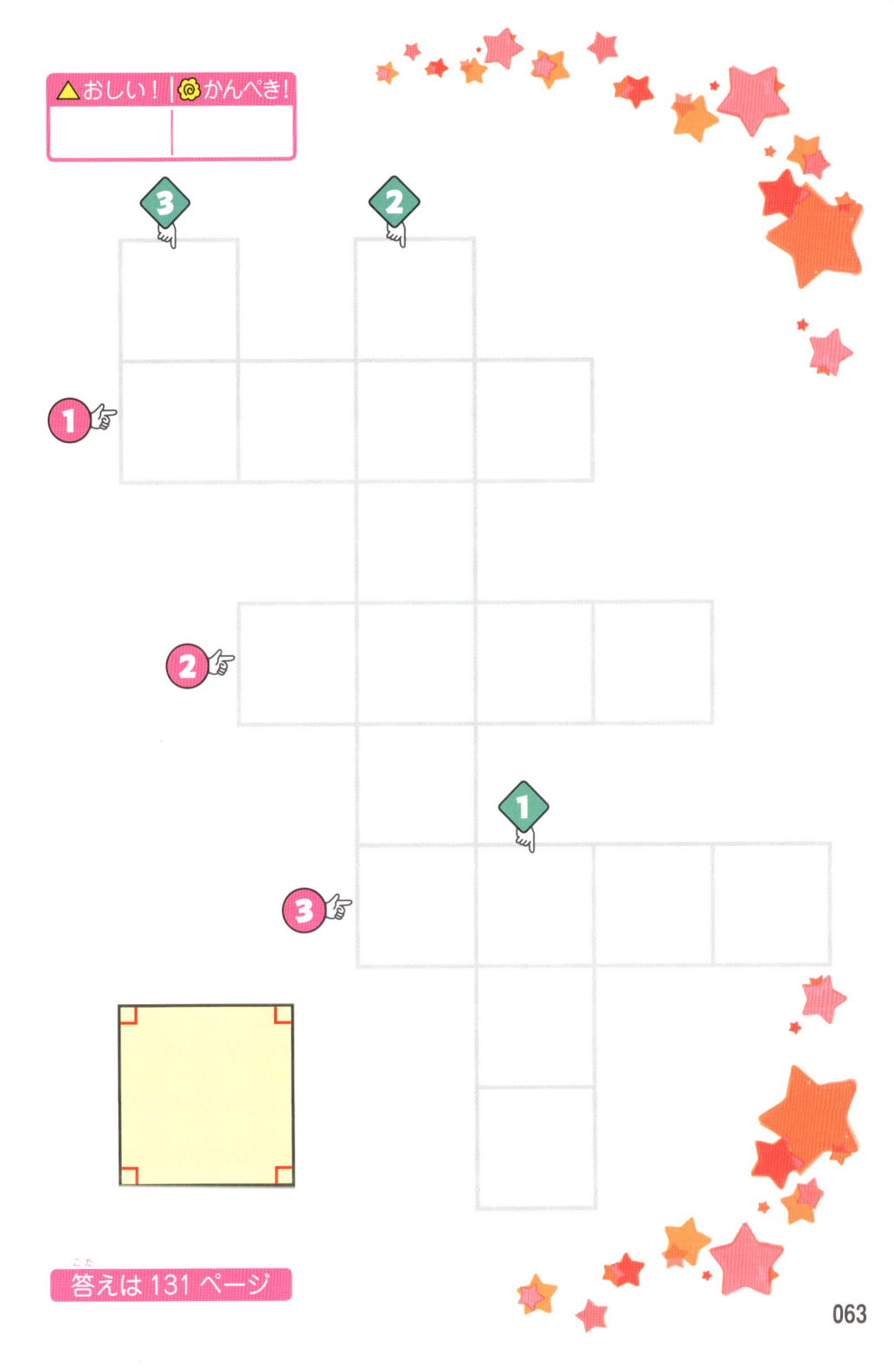

答えは131ページ

27もん　レベル ★★☆

タテのカギ

1　2mをcmにすると、〇〇〇〇〇センチメートル。

2　夜は、くらい。朝や昼は？

3　とてもうれしい、大きなよろこびのときは、し〇わ〇な気分だね。

ヨコのカギ

1　4センチは、2センチの2つ分だから、2の〇〇〇と言うよ。

2　学校やクラスのみんなといっしょに、おべん当をもって山や海、公園に出かけること。

3　紙やカードに小さなあなを2つあける道ぐ。あなをあけると、ファイルにまとめやすくなるよ。

△おしい！　◎かんぺき！

答えは132ページ

28もん　レベル ★★☆

タテのカギ

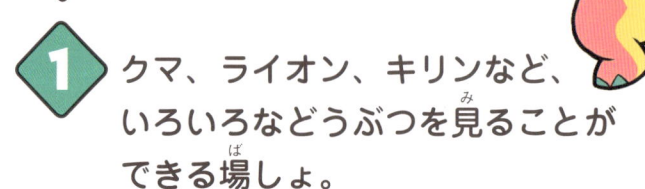

1 クマ、ライオン、キリンなど、いろいろなどうぶつを見ることができる場しょ。

2 女の子は少女、男の子は？

3 図1を見て答えよう。矢じるしのところは、何て言う？

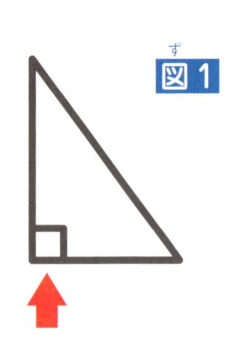

図1

ヨコのカギ

1 図2を見て答えよう。点あは、何てよぶ？

図2

2 顔が長くて、人間をのせて走ることができるどうぶつ。

3 10を10こ○○○○○○は、百。
100を10こ○○○○○○は、千と言います。

△ おしい！ | 🌼 かんぺき！

答えは133ページ

29 もん　レベル ★★☆

タテのカギ

1 10000は、○○○を100こあつめた数だよ。

2 友だちがないていました。○○○を聞くと、「お母さんにしかられたから」と言っていました。

3 鳥は鳥でも、小さな鳥は？

ヨコのカギ

1 時計のもんだいだよ。時計には長いはりと、みじかいはりがあるね。長いはりが○○○○○する時間は、1時間。

2 弓と矢。2ついっしょで○○○。

3 学校では、クラスごとに分かれてべん強するね。クラスは3文字。2文字で言うと？

⚠ おしい！	🌼 かんぺき！

答えは 134 ページ

30もん　　レベル ⭐⭐☆

かん字が18こあります。
この中に、画数が十二画のかん字が6こあります。
どれと、どれかな？　6こ見つけてみよう。

鳥　数　新

園　話　黒

理　番　間

⚠ おしい！	🌼 かんぺき！

朝　魚　楽

電　答　船

雪　雲　道

答えは135ページ

つぎからはもっと
むずかしくなるよー

年生
ねん
せい

31 問　レベル ★★★

タテのカギ

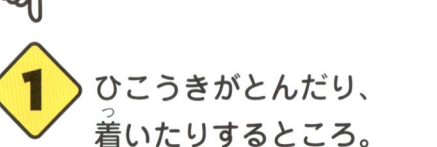

1 ひこうきがとんだり、着いたりするところ。

2 すもうを見ながら、どちらのおすもうさんが勝つか、○と○しよう。

3 太陽が動くと、できるかげもかわる。それをりようした時計のことを何と言う？

4 三角形で、2つのへんの長さが等しい三角形は？

ヨコのカギ

1 3 × 10 = 30。「=」は「イコール」とか、「○○○○」と言う記号だよ。

2 体が頭、むね、はらに分かれて、足が6本ある生き物を何と言う？

3 次のページの図1を見よう。矢じるしの部分の地名は？

4 番地は、1丁目、2丁目と数えるね。「1丁目」の読み方は「○○○○○め」。

△ おしい！	🌸 かんぺき！

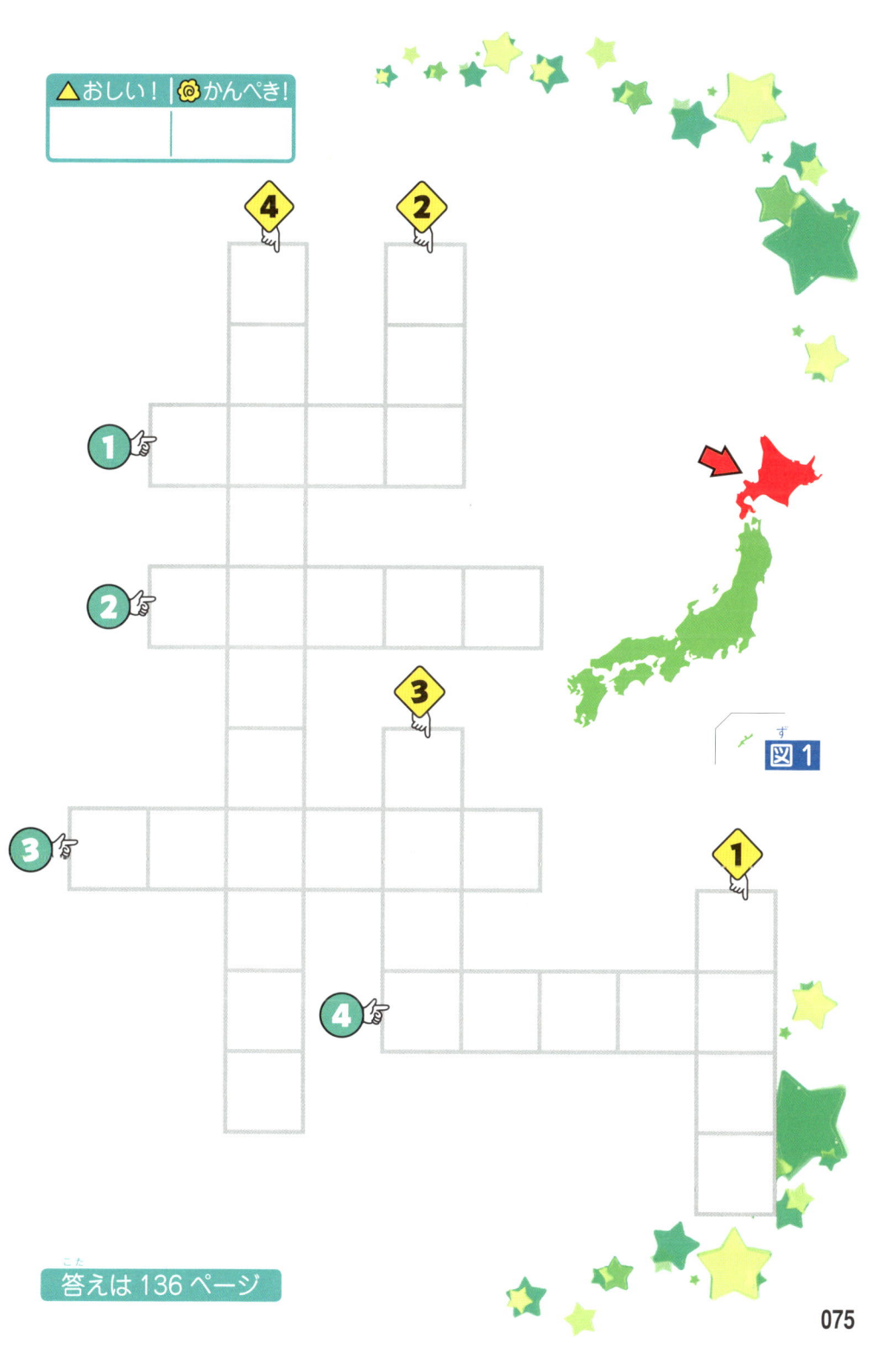

図1

答えは 136 ページ

075

32問 レベル ★★★

タテのカギ

1. かぎのついた○ん○に、お金や大切なものをしまう。
2. 三角形で、3つの角の大きさ、3つのへんの長さが、みんな同じ三角形は？
3. 王様が住んでいるところは宮殿。○○○○○と読みます。
4. おたまじゃくしが大きくなると、何になるかな？

ヨコのカギ

1. 1千万が10こ集まった数。
2. 「森」と「林」をいっしょにした言葉。
3. じしゃくには2つのきょくがあるね。Sきょくと、何かな？
4. かん東地方の北東にある県は、い○○○県。

▲おしい！	🌼かんぺき！

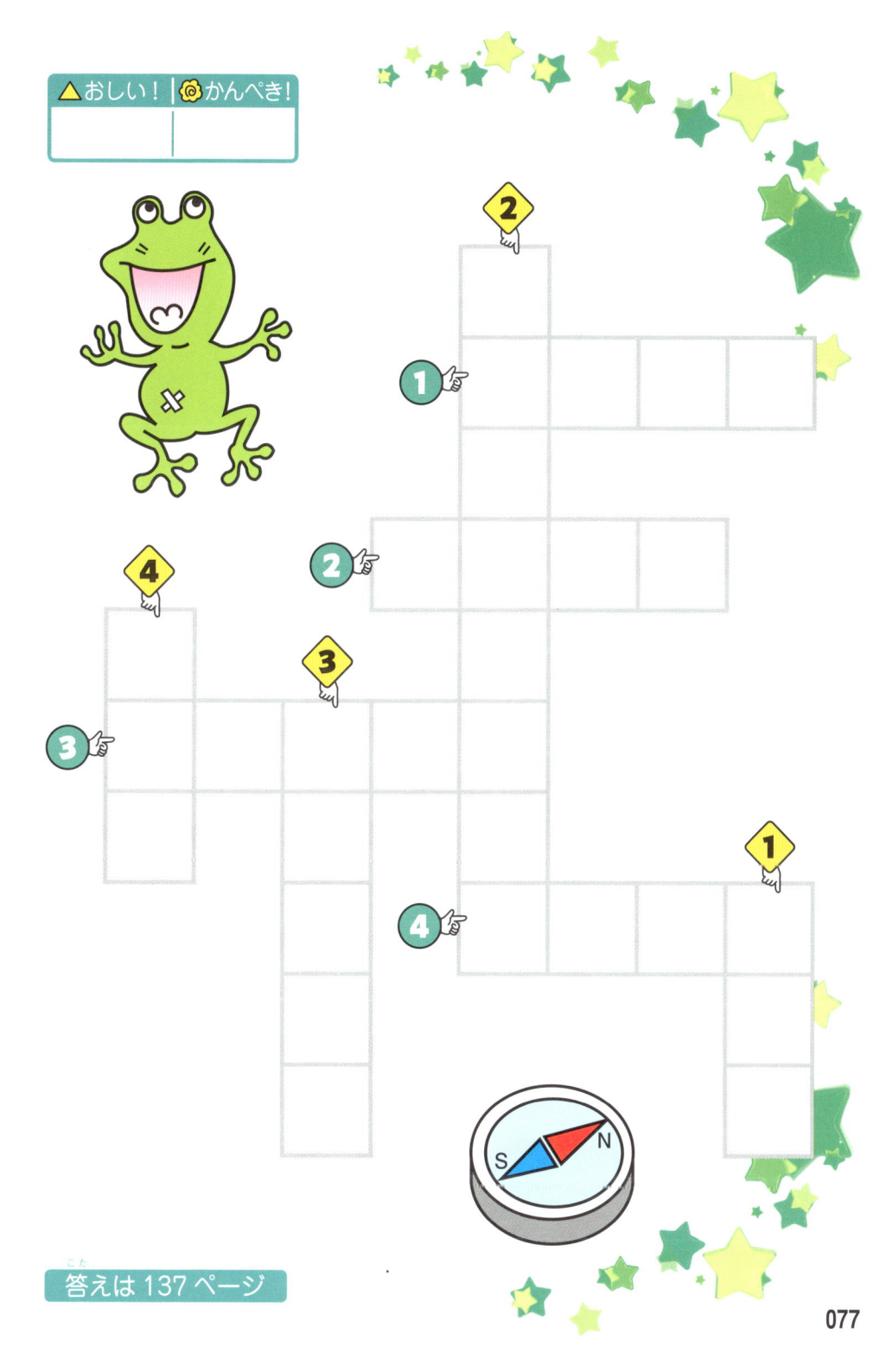

答えは 137 ページ

33問　レベル ★★★

タテのカギ

1 重さのたんいの問題。1000ｇは、1○○○○。

2 年代じゅんに、れきしなどが書かれた表を何と言う？

3 理科の実けんで使う、小さな電球。

4 「はで」の反対語。「目立たない」「おとなしい」の意味の言葉は？

ヨコのカギ

1 目にさす薬。小さな入れ物に入っているよ。

2 温度をはかるもの。気温をはかったり、体温をはかることにも使うもの。

3 「２３１１１１１」という数字があります。３は、何のくらい？

4 だれかのものではない、みんなのたて物やせつびのことはこう○○○しせつ。

△おしい！	🌼かんぺき！

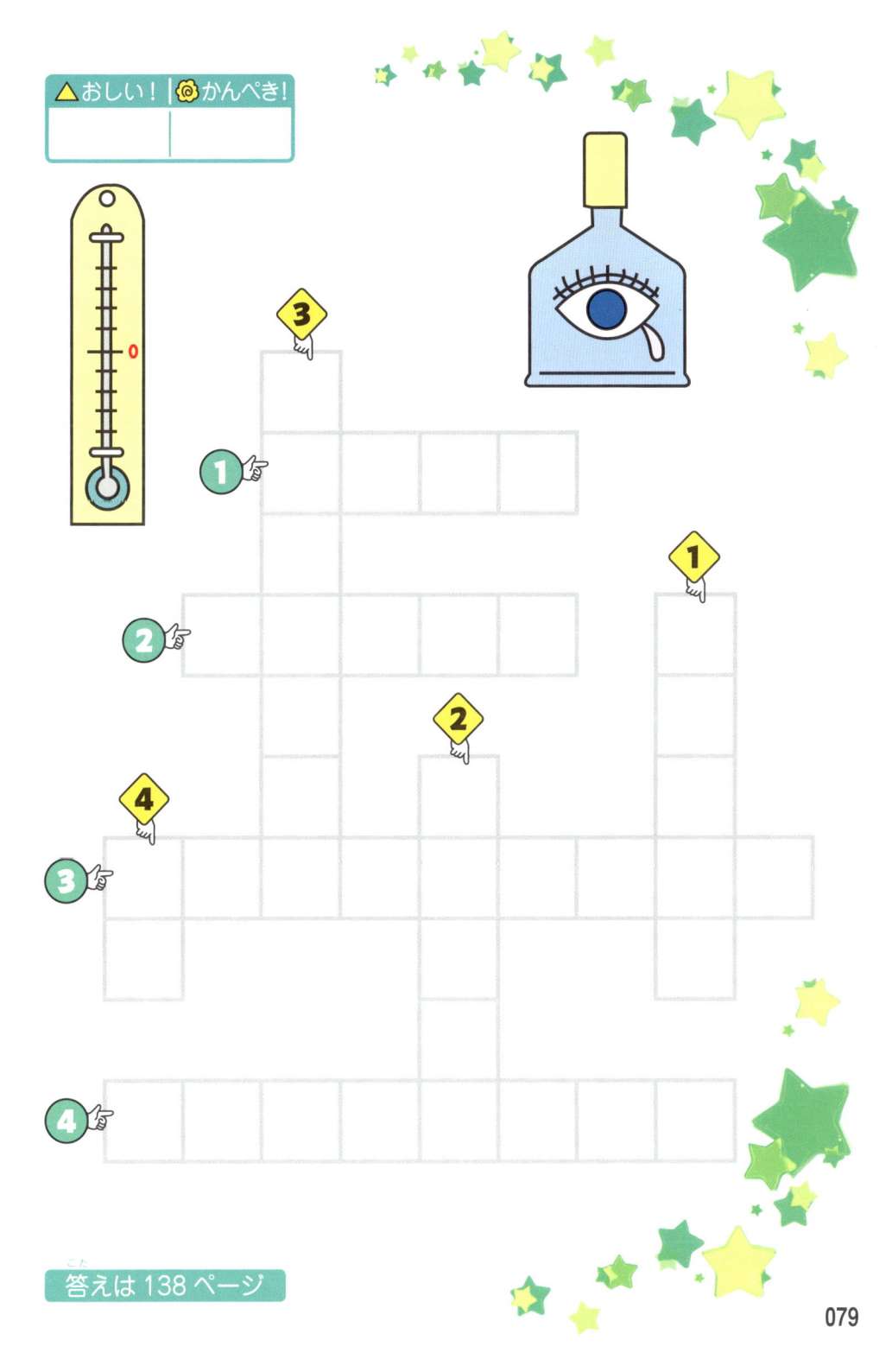

答えは138ページ

34問　レベル ⭐⭐⭐

きせつあてパズル

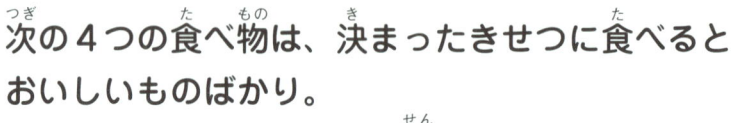

問1

次の4つの食べ物は、決まったきせつに食べるとおいしいものばかり。
それぞれ、どのきせつか、線でつないでね。

- ● ● 夏
- ● ● 春 
- ● ● 秋 
- ● ● 冬

▲おしい!	❀かんぺき!

問2

次の4つは、きせつをあらわす行事やしぜんげんしょう。
それぞれ、どのきせつか、線でつないでね

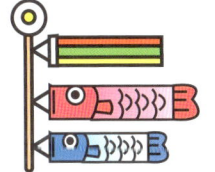

- 豆 ● ● 冬
- （葉） ● ● 春
- （七夕） ● ● 秋
- （こいのぼり） ● ● 夏

答えは139ページ

35問　レベル ★★★

タテのカギ

1. 血を止めること。けがをしたときなどに、ひつようなこと。
2. 「二万四千五百」の読み方は？
3. 絵が入って、わかりやすい地図を、何と言う？
4. じしゃくの力を使って、北や南など、方角を調べることができる道具。

ヨコのカギ

1. 図1を見て答えよう。矢じるしのものは手○○○。
2. 「この電たくは」と「がいい」の間に入るのは、どっち？ 「せいかく」「品しつ」
3. テーマを自分で自由に決めて、研究すること。
4. 図2を見て答えよう。算数で使うこれを何と言う？

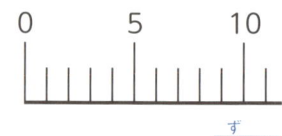

図2

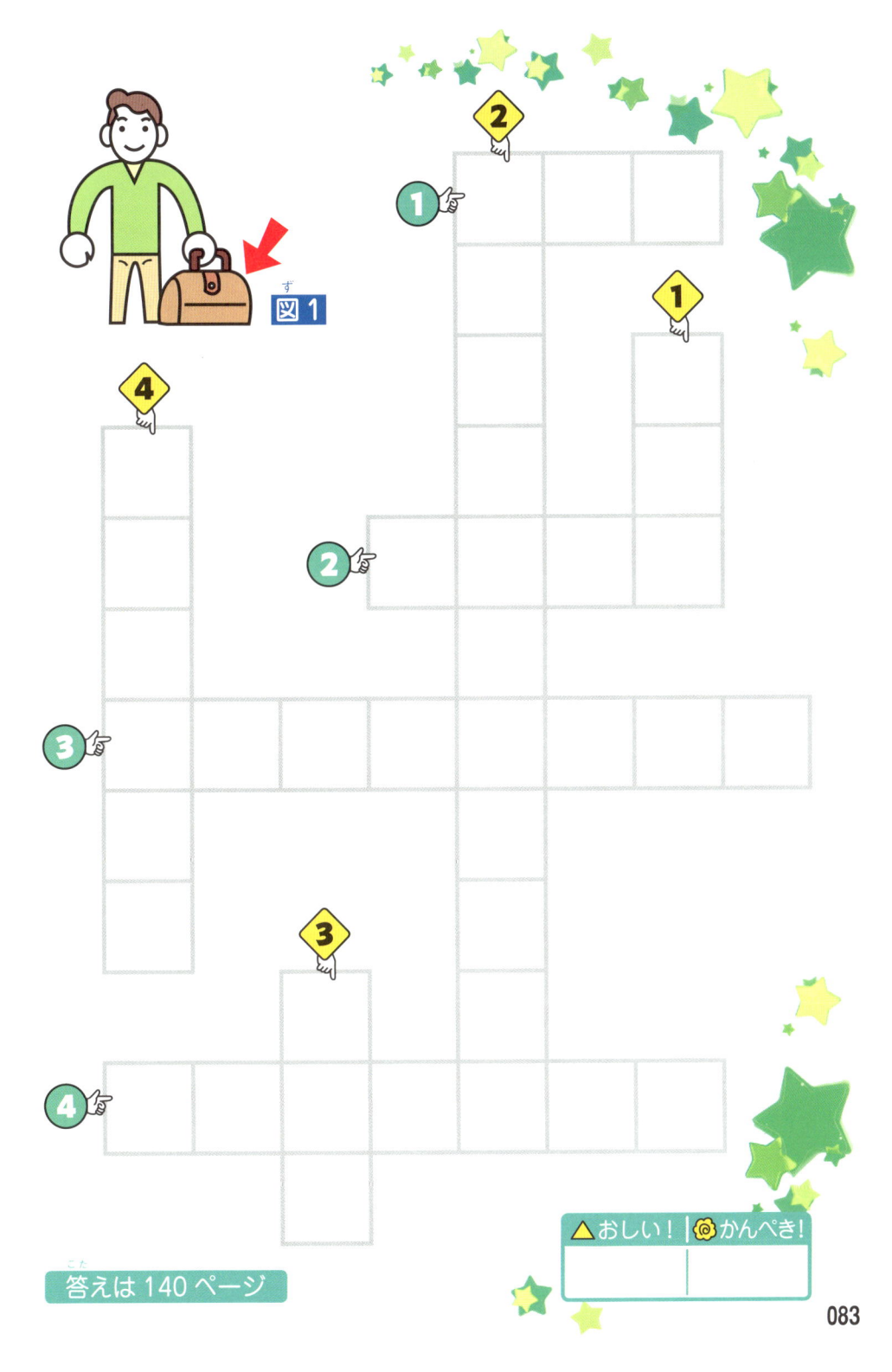

図1

答えは140ページ

△おしい！　◎かんぺき！

36問　レベル ★★★

タテのカギ

1. 「君のしょう来に」と「する」の間に入る言葉はどっち？「きぼう」「期待」
2. 「曲」は、歌を数えるたんい。「1曲」は、何と読むかな？
3. 昔つくられたもので、今もある大切なげいじゅつ作品やたて物のこと。「文化財」と書くよ。
4. 図1の花の名前は？

ヨコのカギ

1. 日のあたらないところ、かげになっているところ。
2. 6÷7は、わりきれる？　わりきれない？
3. 昔の人がせんたくするときに使っていた道具。
4. 人に話を聞いたりして、原こうに書くことを集めることを、○○○○する、と言うね。

⚠ おしい！	🌼 かんぺき！

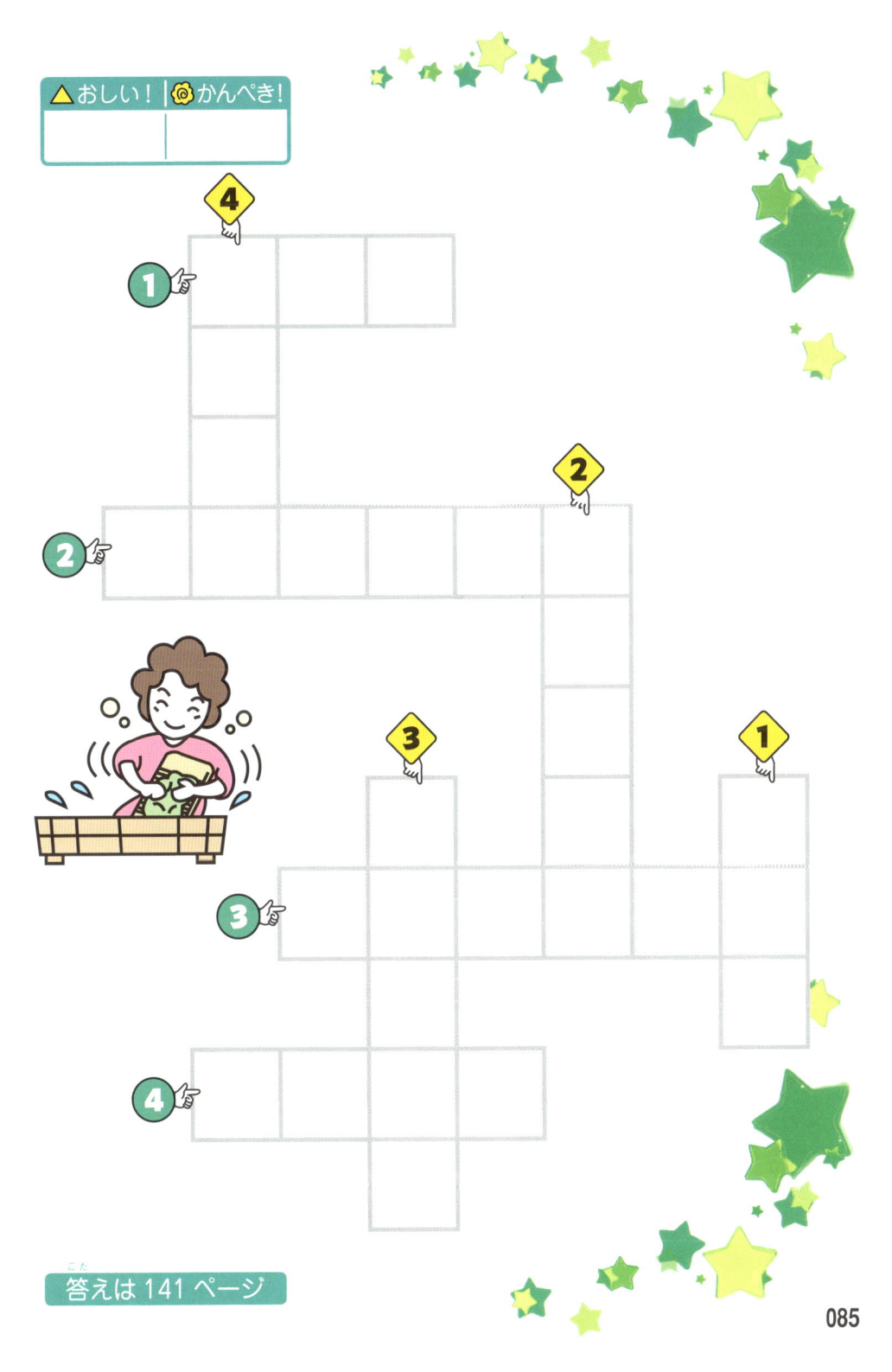

答えは 141 ページ

37 問 レベル ★★★

タテのカギ

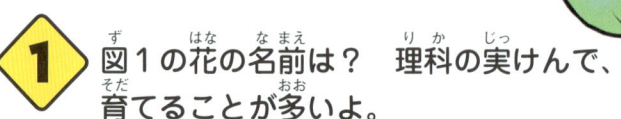

1 図1の花の名前は？ 理科の実けんで、育てることが多いよ。

2 「10000000」の数字。1は何のくらい？

3 秋が終わって、落ちた葉っぱのこと。赤色や黄色のきれいな色が多いよ。

4 ジャンプしたあと、両足が地面に着くこと。地に着くこと。

図1

ヨコのカギ

1 地域のためになることをすること。「地域貢献」と書くよ。

2 農業をいとなむ家。農業を仕事としている人の家。

3 にげる人を追いかけ、ようやく◯◯ついた。

4 8は2の4倍。12は3の4倍。16は4の何倍？

⚠ おしい！	🌼 かんぺき！

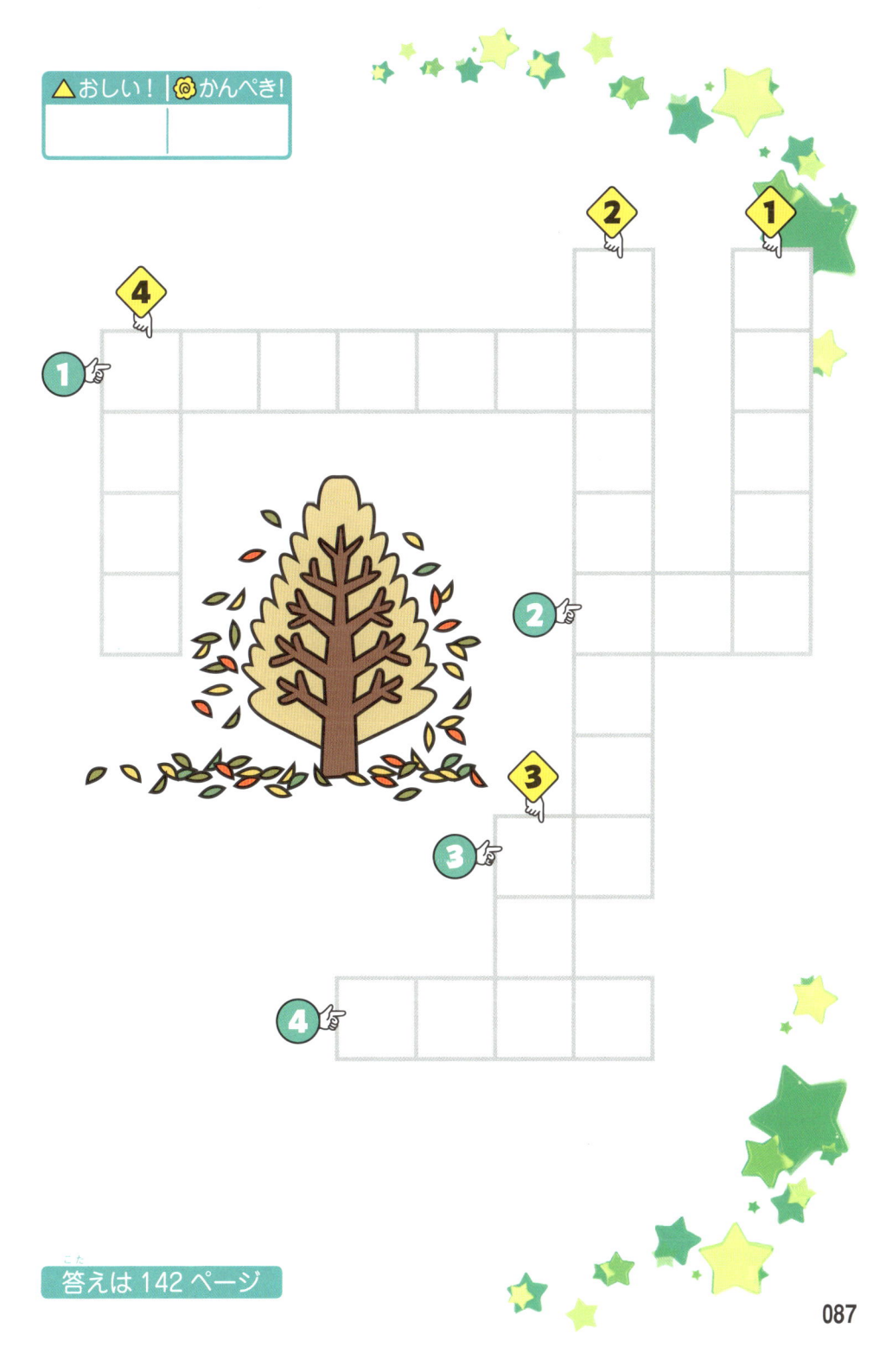

答えは 142 ページ

38問　レベル ★★★

バラバラになった漢字をもとどおりにしよう。次の4つを組み合わせて、漢字を2つ作ってみよう。

問1

土　イ　田　本

↓　↓

? ?

⚠ おしい！	🌼 かんぺき！

れい 女 市 石 山

答えは 姉と岩

問2

ネ 口 土 ム

↓　　↓

？　　？

答えは143ページ

39問 レベル ★★★

タテのカギ

1. 図1を見て答えよう。このはさみは、切るところは鉄でできているから、電気を通すよ。でも持つところは電気を通さないよ。何でできているかな？
2. 家と家との間にあるせまい道は◯◯。
3. 東北にある県で、岩手県、秋田県、山形県、福島県にかこまれている県は？
4. 27 ÷ 6 = 4 ◯◯◯ 3　◯に入る言葉は？

ヨコのカギ

1. 算数の時間で、円をかくときに使う道具。
2. 図2を見て答えよう。これは何？　台所で使うよ。
3. オリンピックの2いのメダル。色は何色？
4. 先生に名前をよばれたら、「はい」と◯◯◯をしよう。

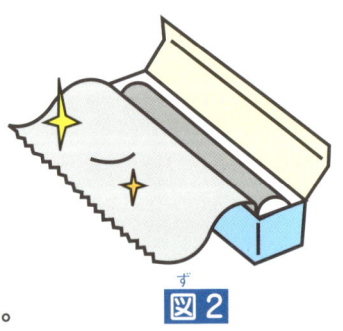

図2

⚠ おしい！	🌼 かんぺき！

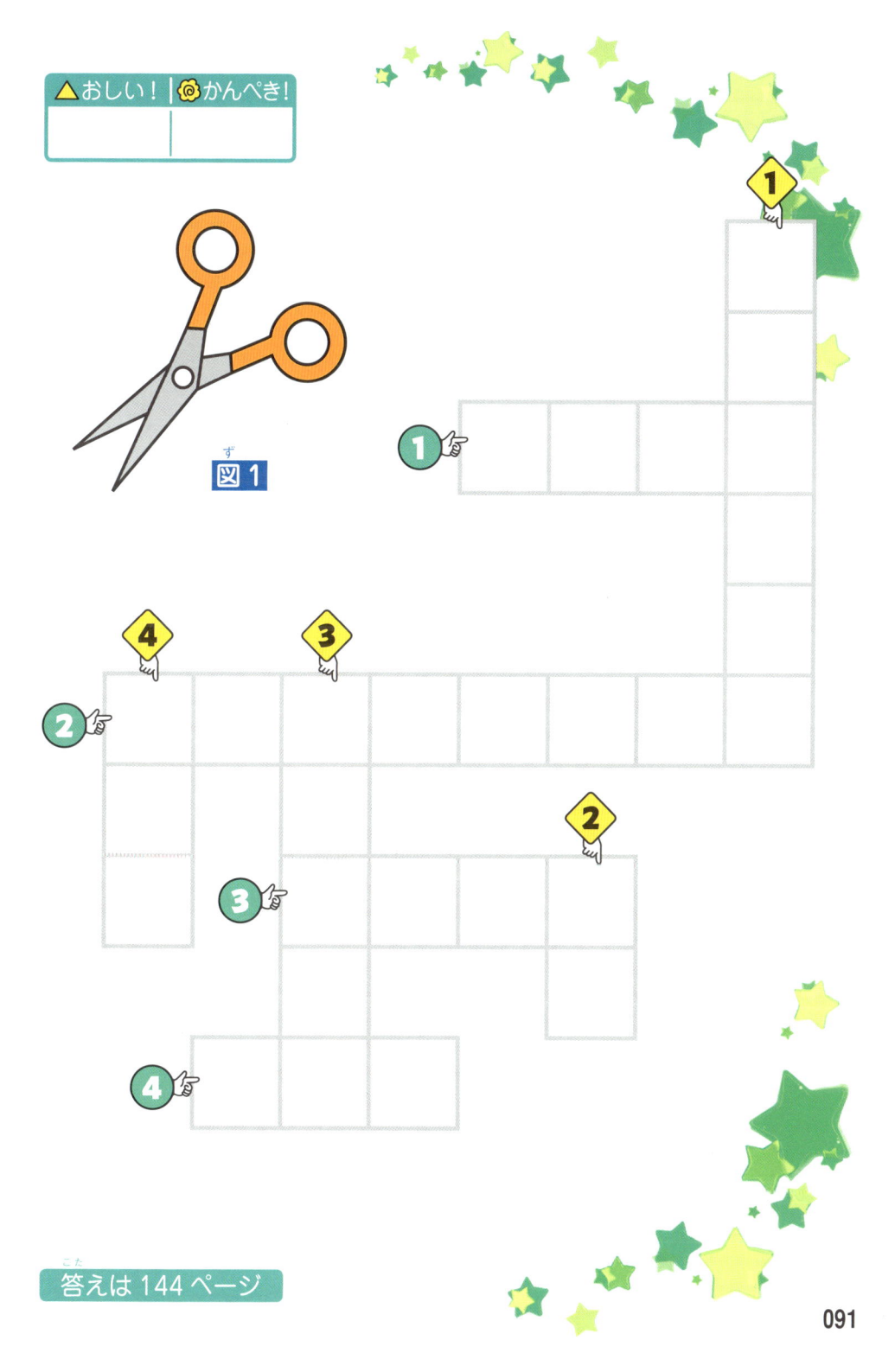

図1

答えは144ページ

40問　レベル ★★★

タテのカギ

1 勉強しなくていい、遊んでいい時間は、○○○時間だね。

2 「昔」と書いて、何と読む？

3 このプールは○○○○1メートルだから、なんとか足が下に着くよ。

4 直けいの長さが8 cmの円では、○○○○○○○○は4 cm。

ヨコのカギ

1 2 kgは、gにすると○○○○○○○。

2 電気の実けん。かん電池と豆電球をどう線でつなぐと、わになっている電気の通り道を何と言う？

3 お店などがくふうして、お客さんのねがいにこたえられるようにすること。「あの店はさ○び○がいい」と言ったりするよ。

4 詩をまとめて、1さつの本にしたもの。

⚠ おしい！	🌼 かんぺき！

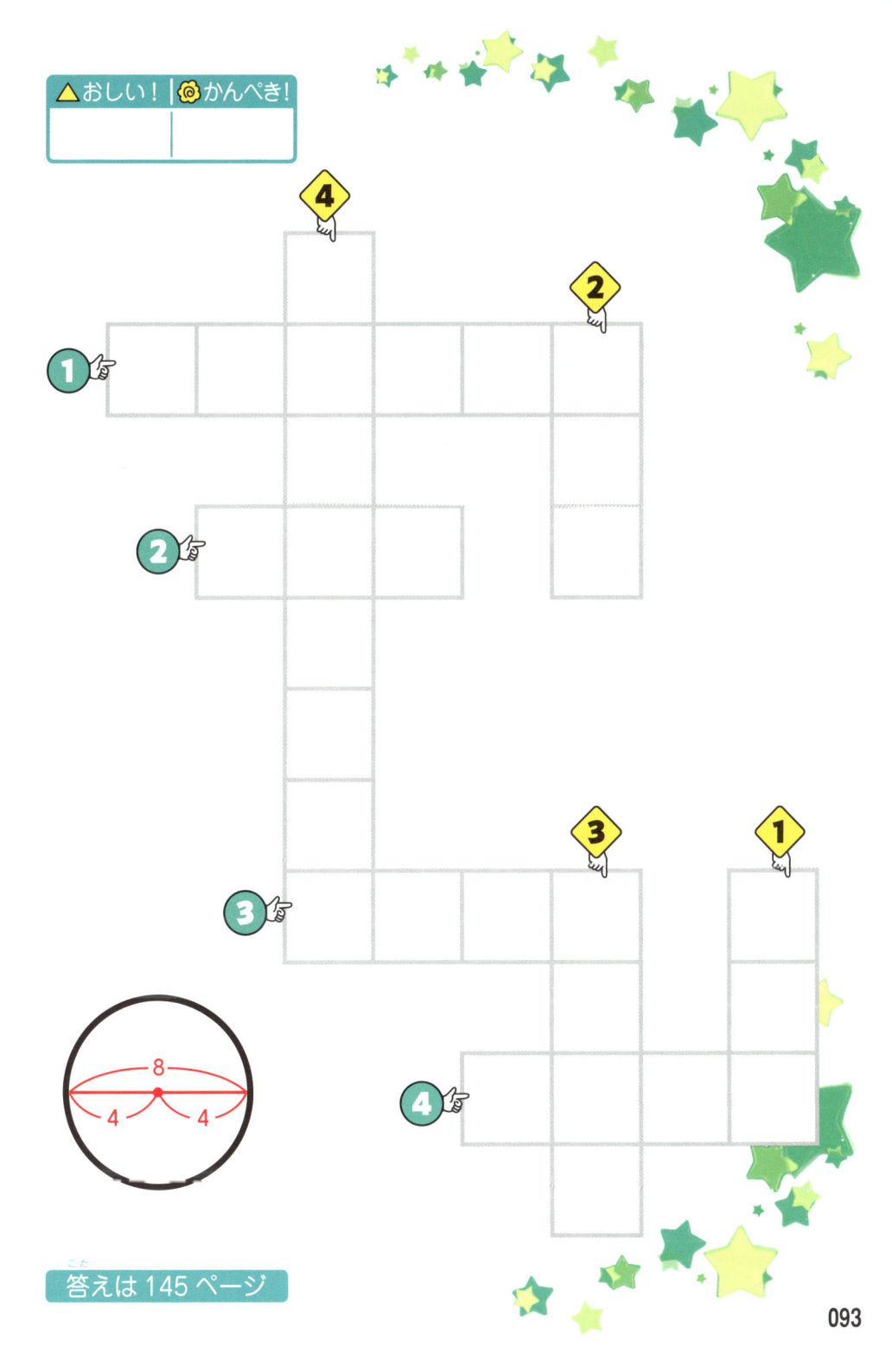

答えは145ページ

41 問　レベル ★★★

タテのカギ

1. 前回、今回、〇〇〇。

2. 社会科見学で、工場を見て回ること。

3. 次のページの図1を見て答えよう。
コンパスとじょうぎを使って三角形をかきました。
コンパスの線が〇〇〇〇ところが、ちょう点になるね。

4. じしゃくをすな場に入れると、いっぱいくっつくもの。鉄でできているよ。

ヨコのカギ

1. 魚のすり身を使って作られた食べ物。

2. 子どもたちが集まって、遊んだり宿題をしたりできるところ。読書室やせい作室などがあるよ。ヒントは〇〇〇かん。

3. ひと回りしてかいた、まるい形の図形を〇〇と言うよ。

4. いらなくなったものを、べつのものに作りかえたりして、また使えるようにすること。

⚠ おしい！	🌼 かんぺき！

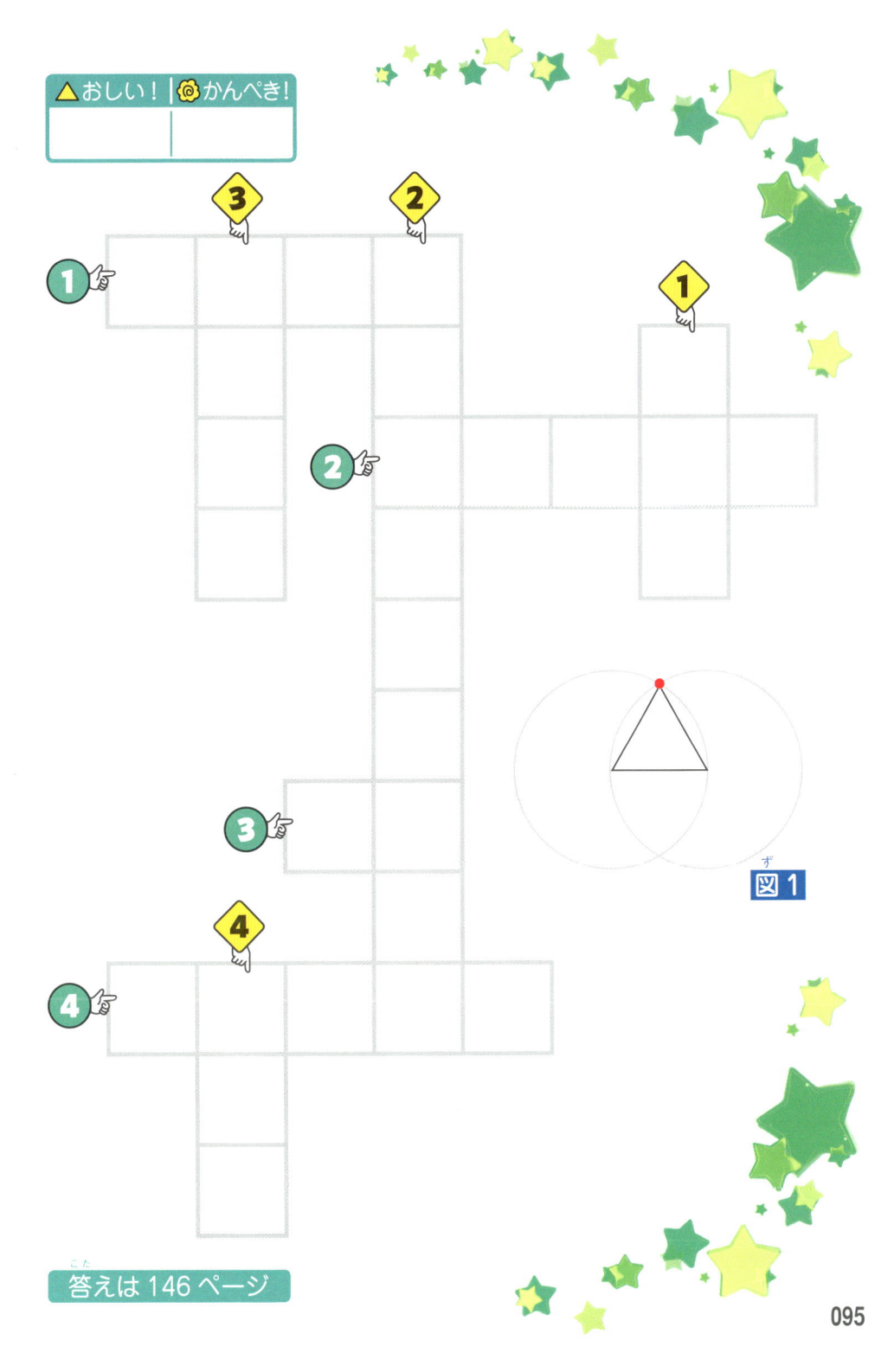

図1

答えは 146 ページ

42問　レベル ★★★

次の文の○に入る言葉は、何かな。
下からえらんでみよう。

1 おなべのカレーが
○○○○になってきた。

2 ○○○○わすれ物を
とどけてくれて、ありがとう！

3 明日は友だちと遊ぶので、
今から○○○○楽しいな。

ますます

わざわざ

うきうき

⚠ おしい！	🌼 かんぺき！

4 みんなの前では、はずかしくて
○○○○してしまう。

5 雨は○○○○はげしくなってきた。

6 ○○○○わたしも来年は4年生。

とろとろ

いよいよ

もじもじ

答えは147ページ

43問　レベル ★★★

タテのカギ

1. 鳥が集まる木の下には、○んがたくさん落ちているよ。
2. 円の中心を通っていて、円のはしからはしまでかいた直線を何と言う？　長さは半けいの2倍あるよ。
3. これで見れば、遠くのものが、はっきり見えるね。
4. 学校のみんなにお知らせがあるとき、マイクを使って○○○○するよ。

ヨコのカギ

1. ぼうの長さで、数の大きさをあらわすグラフは何グラフ？
2. 図1を見て答えよう。このこん虫は何かな？
3. 図2を見て答えてね。矢じるしの方角は何？
4. 「幸福」は「こうふく」、「幸せ」は「しあわせ」、「幸い」は何と読む？

図1

⚠ おしい！	🌸 かんぺき！

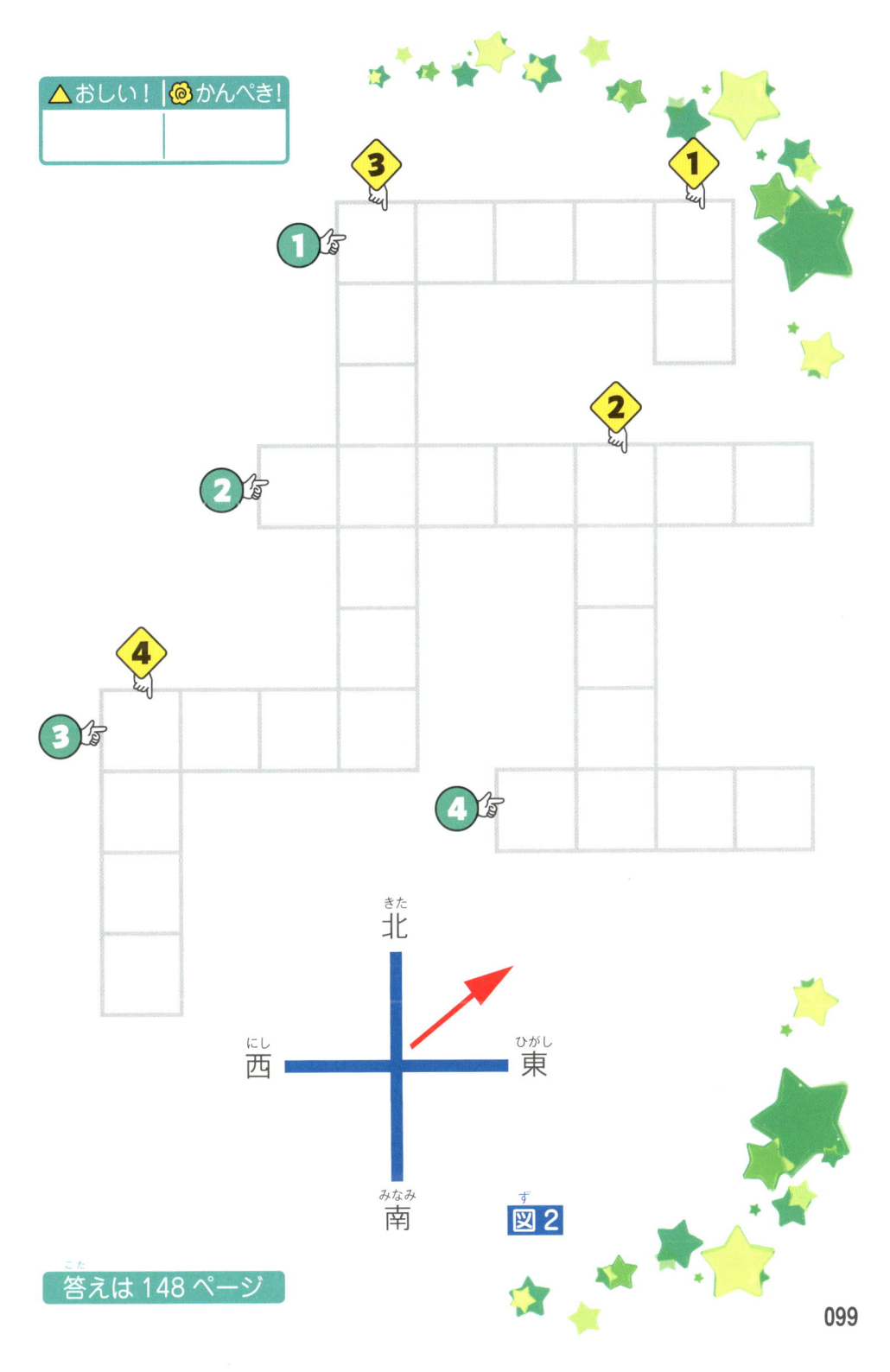

北
西　東
南

図2

答えは148ページ

44問　レベル ★★★

タテのカギ

1. 花や草を育てるときは、まずたねを○○。
2. 図1を見て答えよう。矢じるしの方角は何と言う？
3. 1時間は60分。1分は何秒？
4. みんなが知っている人は、○○○○な人。

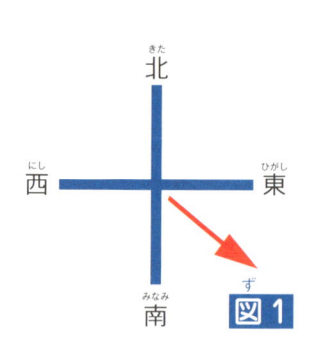

図1

ヨコのカギ

1. 動物たちがすんだり、きけんなときににげこんだりするあなのことを○○○と言うよ。土によくほってあるね。
2. 100 cm は、1 m。1000 m は、1○○○○○。
3. 物語に出てくる島で、たから物がいっぱいあると言われている島。
4. 手紙やはがき、荷物を集めて、配たつするところ。切手も売っているよ。

△ おしい！	◎ かんぺき！

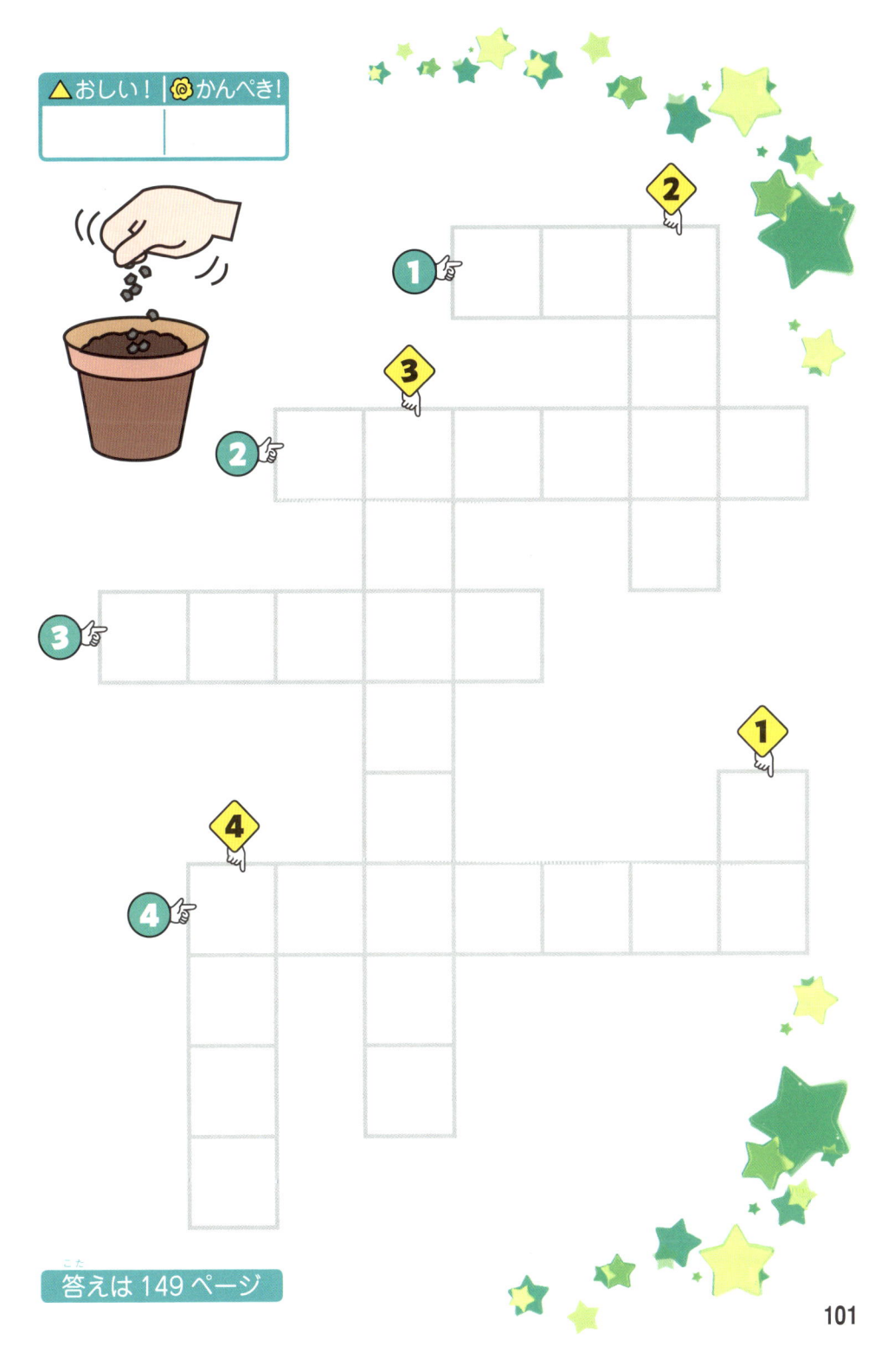

答えは 149 ページ

45問　レベル ★★★

タテのカギ

1. スポーツでは「せめる」ことを「こうげき」、「守る」ことを「○○○」と言います。
2. 畑で作物を作るときは、土にえいようをあたえるため、㋑○○○を入れるよ。
3. 「山田町5-3-1」という住所は、「やまだまち ○○○○○ さんばん いちごう」と読むよ。
4. 18÷2＝9のわり算では、2はわる数、18は○○○○かず。

ヨコのカギ

1. 音楽の時間に使う笛。
2. 小学校は 文 、病院は 田 、ゆうびん局は 〒。このような記号を何と言う？
3. 「大小」は「だいしょう」、「長短」は「ちょうたん」、「軽重」は？
4. 「ぼくは、5メートルはなれたところから、サッカーボールをけって、ゴールのバーに㋲○○○○させることができるよ」

△おしい！	🌸かんぺき！

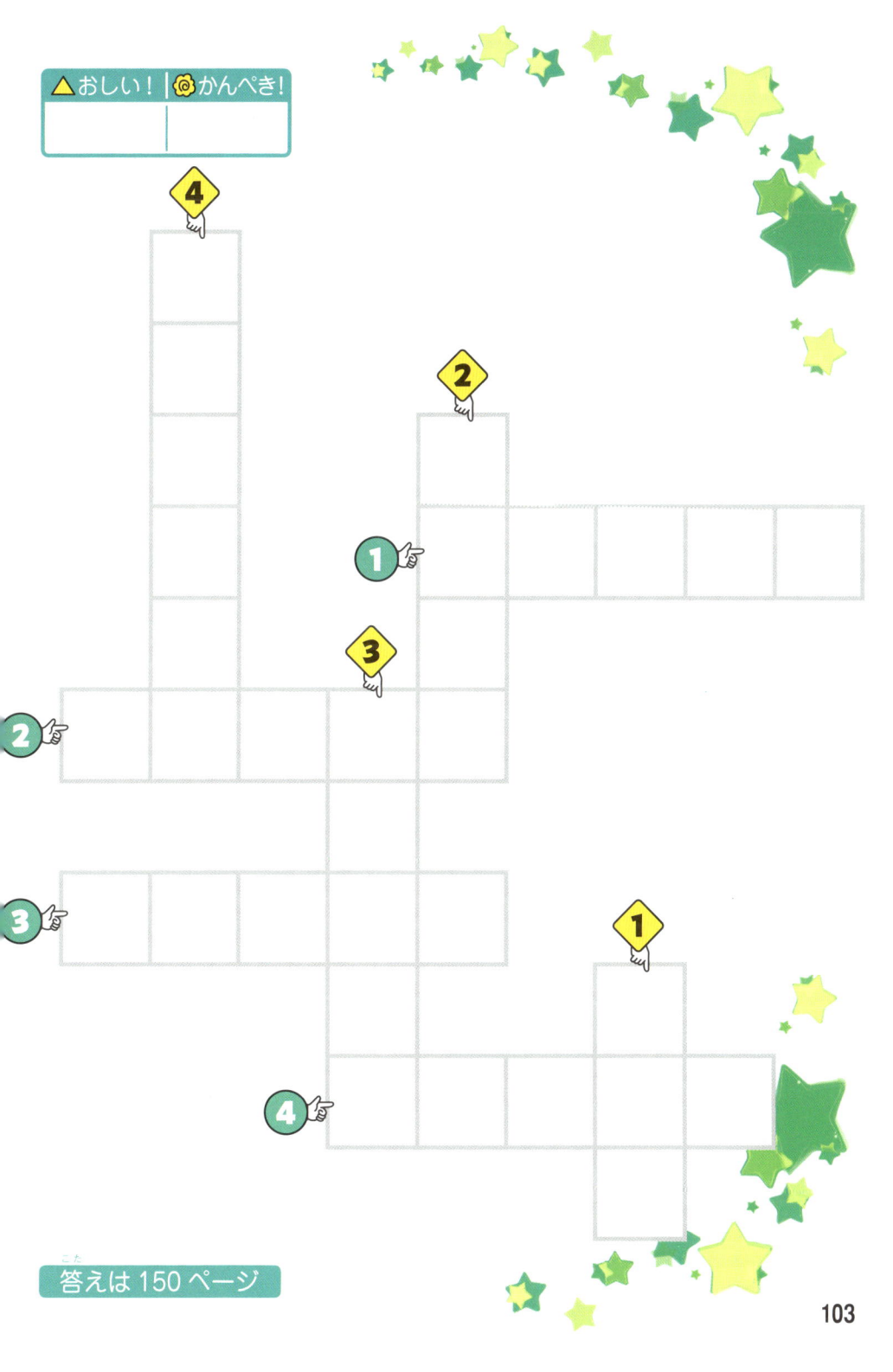

答えは 150 ページ

ぜんぶ
おわったー！

解答

1問 ★☆☆

タテの答え

1 4匹
犬や猫、虫や魚などの動物を数えるときは、1匹、2匹と、数をあらわす言葉のあとに匹をつけます。

2 いただきます
ご飯を食べる前は「いただきます」、食べ終わったら「ごちそうさまでした」とあいさつすると、気持ちのいいものですね。

3 カスタネット
2枚の丸い板を手に持って、打ち鳴らす楽器です。拍子をとるのに便利な楽器。

ヨコの答え

1 101
100、101、102、103という100の位には、もうなれたかな？

2 ステーキ
ビーフステーキは、略すとビフテキ。牛肉のほかにも、豚肉やとり肉を切って焼く場合もあります。

3 水曜日
日曜日、月曜日、火曜日、水曜日と、週の4番目の曜日。

豆知識 「いただきます」の意味
食事を作ってくれた人、食べ物をくれた人への感謝の思いを伝える言葉。昔は「いただきます」は「ものをもらう」、「ものを頭に乗せる」などの意味がありました。

2問 ★★★

タテの答え

1 白い
　牛乳は牛の乳をしぼったものが原料です。白いの反対語は黒い。

2 リンゴ
　リンゴの木は、春に白い花をさかせて、秋には実がなります。その実がリンゴで、くだものとして世界中で食べられています。

3 何時何分
　「何時ですか」とかんたんに聞く場合もあります。

ヨコの答え

1 運動会
　小学校の運動会は、1年生から6年生までが、赤組と白組に分かれて、校庭でいろいろな運動競技をする行事です。昔は秋におこなわれることが多かったですが、最近は春も多いようです。

2 なのか
　月の一日、二日、三日と続いて、7番目の日が七日。

3 でんぷんのり
　でんぷんは、小さなつぶで、炭水化物の1つ。色は白で、においはありません。でんぷんを原料にして作ったのりが、でんぷんのり。

クロスワード:
- タテ1: しろい
- タテ2: りんご
- タテ3: なんじなんぷん
- ヨコ1: うんどうかい
- ヨコ2: なのか
- ヨコ3: でんぷんのり

豆知識

白いと白
　「白い」も「白」も同じですが、❶の問題ではマスは3文字なので、「白い」が正解。

3問 ★★★

タテの答え

① たこ

たこあげは、竹と紙などで作ったものに糸をつけて、風にのせて空にあげる遊び。日本では昔から伝わる遊びで、特にお正月に遊ぶ習慣があります。

② けんばんハーモニカ

くだがついているけんばんで、くだに息を吹きこみながら、けんばんをおさえて音を出す楽器です。けんばんとは、指でおさえる白と黒の部分のこと。

③ 500円

1000 − 500 = 500
おつりは500円。

ヨコの答え

① ひき算

たし算は、ある数にほかの数をたして合わせる計算。ひき算は、ある数からべつの数をひいて、のこりの数をもとめる計算。

② はさみ

ものを切る道具。2枚の刃でものをはさんで切ります。ものを切る刃の部分と、手で持つ柄の部分に分かれています。

③ かけっこ

2人以上で走って、足の速さをくらべること。運動会では、運動競技の1つになっています。

豆知識

けんばんとは

ピアノやオルガンで、指でたたいたり、おさえたりして音を出す部分のこと。

4問 ★★★
こん虫あてパズル

1. てんとうむし
2. ばった 
3. かまきり
4. みつばち
5. とんぼ
6. かぶとむし
7. こおろぎ
8. あり

豆知識

羽があるもの、ないもの
　こん虫には、羽があるものとないものがあります。この問題の中では、羽がないのはありだけです。

5問

タテの答え

1 ねんど
ねばりけのある土。ねんどは、お茶わんや湯のみなど、瀬戸物の原料となります。

2 15日
その月の15番目の日。

3 大きい
ものの大きさ、分量、高さ、広さなどが多いことを言います。「小さい」は、その反対で、ものの大きさ、分量、高さ、広さなどがわずかなこと。

ヨコの答え

1 1年生
学校では、1年ごとの区切りを学年と言います。学年とは、4月からはじまって、次の年の3月までの1年間のことを言います。

2 自動車
4つの車輪をエンジンの力で動かして、道路を走ることができる乗り物。

3 海
文部省唱歌の『海』は、作詞・林柳波、作曲・井上武士。

クロスワード:
- タテ3: おおきい
- ヨコ1: いちねんせい
- タテ1: ねんど
- ヨコ2: じどうしゃ
- タテ2: じゅうごにち
- ヨコ3: うみ

豆知識

ねんどを漢字で書くと…
ねんどは漢字で書くと「粘土」です。つぶがこまかくて、粘り気のある土なので粘土と書くのですね。

6 問 ★★★

タテの答え

① 右足
「右」は、私たちの体では、心臓のないほう。北に向かって、東のほうが右です。「左」は、体では心臓のあるほうを言います。北に向かったときは、西のほうが左です。

② はやい
「早い」は、決まった時刻、時期よりも前のこと。「速い」は、ものごとをすることに、時間がかからないこと、スピードがあることを言います。使い分けがむずかしいので、気をつけましょう。

③ 8時55分

ヨコの答え

① はさみの先
はさみは、柄の部分を持ってわたすと、相手の人が刃でけがをしやすいです。はさみの先を持ってわたすと安全です。

② 天の川
夜空にたくさんの星が集まって、川のように見えるもの。晴れて雲のない夜空だと、よく見えます。銀河とも言います。

③ 冬休み
年末からお正月をはさんであるお休み。学校の冬休みは、地域によって、休みの長さにちがいがあります。あまり寒くなく、雪のほとんどふらない地域や地方では、勉強がしやすいので、冬休みは短い学校が多いです。反対に、とても寒くて雪の多い地域や地方では、冬休みが長い学校が多いです。

クロスワードの答え:

	は	さ	み	の	さ	き
	ち	ぎ				
	じ	あ	ま	の	が	わ
	ご	し				
	じ					
	ゅ					
	う		は			
	ご		や			
	ふ	ゆ	や	す	み	
	ん		い			

7 問 ★★★

タテの答え

① 風車（かざぐるま）
風が羽にあたると、羽がくるくると回りだすおもちゃ。回転するおもちゃ。

② タンバリン
丸いわくに皮がはられて、まわりには金属のうすい板がついています。皮をたたいたり、丸いわくをふったりして音を鳴らします。リズムをとる楽器。

③ 左（ひだり）
「左」とは、私たちの体では、心臓のあるほうを言います。北に向かったときは、西のほうが左です。

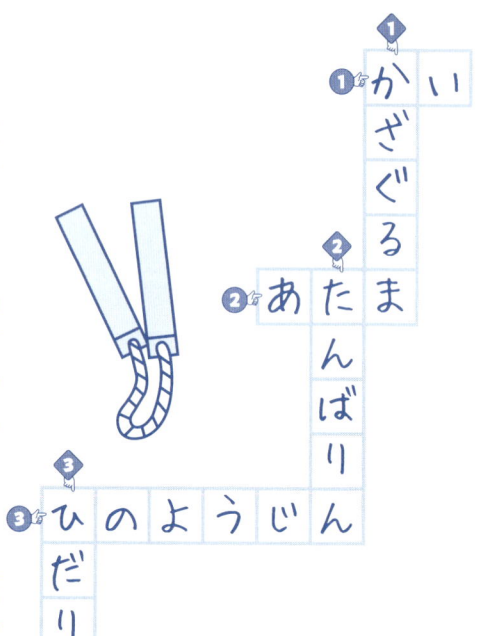

ヨコの答え

① 貝（かい）
貝がら。貝の外側のかたいところ。貝の身は中にあり、その外側のかたいからの部分を貝がらと言います。

② 頭（あたま）
「おまえの頭はどこにある」。このあとの歌詞は「つの出せ　やり出せ　頭出せ」と続きます。

③ 火の用心（ひのようじん）
火事にならないよう、火のもとをたしかめて注意すること。火のもととは、火のあるところ、火をあつかうところで、たとえば台所のガス台。冬ならば暖房器具のストーブなど。
寒い冬の夜などに、人が集まって町を歩きながら、拍子木を鳴らして、「火の用心！」と大きな声で注意を呼びかけます。拍子木とは木の道具で、２つの木をカチカチと打ち鳴らして音を出します。

8問 ★☆☆

どうぶつあてパズル

1. にわとり
2. あひる
3. もるもっと
4. せきせいいんこ 
5. はむすたー
6. うさぎ
7. ねこ
8. いぬ

豆知識

ハムスターとモルモット

ハムスター、モルモットは、ねずみの仲間です。ハムスターは、ペットとして飼われることも多いです。

9 問 ★★★

タテの答え

1 ボール
野球のボールの大きさは、直径が70mmくらい。サッカーボールは220mmくらい、ドッジボールのボールは、サッカーボールと同じか、少し小さいくらいです。

2 田んぼ
お米が実る草を稲といいます。この稲を植えて育てるところが田んぼ。稲を作るために田んぼには水を引くので、水田とも言います。

3 109
108 + 1 = 109

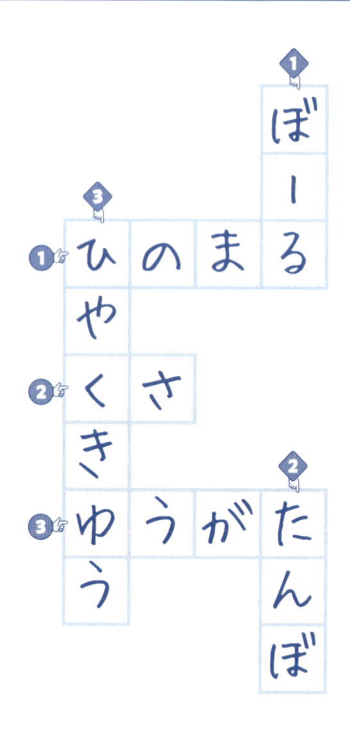

ヨコの答え

1 日の丸
日本の国旗のこと。日章旗とも言います。

2 草
草とりは、草むしりとも言います。のびた雑草をぬいてとりのぞくこと。

3 夕方
夕暮れどき。夕暮れとも言います。日が暮れるころ。

	ぼ		
ひ	の	ま	る
や			
く	さ		
き			た
ゆ	う	が	ん
う			ぼ

豆知識

昼の場合は？
夕方の反対語は、朝方。朝方は朝の早い時間を言います。昼の場合は、昼間、昼日中などと言います。

10問 ★★★

タテの答え

① お正月
1年のはじめの月である1月のこと。あるいは新年をお祝いする1月のある期間のこと。正月三が日と言えば、1月1日の元日から3日までの3日間のことです。

② 40枚
35 + 5 = 40

③ 先生
学校の先生は、「教師」と呼ぶ言葉もあります。医師、政治家、芸術家などを尊敬して「先生」と呼ぶこともあります。

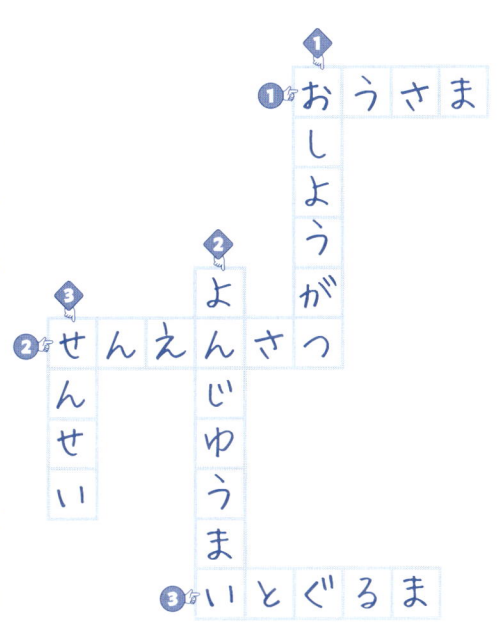

ヨコの答え

① 王様
国の中でいちばん上に立つ人。もっともえらい人のことを言います。動物の王様ライオンは、百獣の王とも言われますが、これは百（あらゆる）獣（けもの＝動物）の中でもっとも強い動物、という意味です。

② 千円札
現在、日本で使われているお札は、1万円札、5千円札、2千円札、千円札の4種類です。

③ 糸車
糸をより合わせる道具。手で動かします。

クロスワード：
- ①タテ：おしょうがつ
- ②タテ：よんじゅうまい
- ③タテ：せんせい
- ①ヨコ：おうさま
- ②ヨコ：せんえんさつ
- ③ヨコ：いとぐるま

豆知識

お札と硬貨
千円札などのお札は、日本銀行が発行していますが、10円玉などの硬貨は、日本政府が発行しています。

11 問 ★★★

タテの答え

1 トライアングル
三角形の鉄の棒を金属の棒でたたいたり、打ったりして音を鳴らす楽器。打楽器の1つ。

2 4年
学校の学年は、1年、2年、3年、4年、5年、6年。

3 3月
毎年4月から次の年の3月までが1年間の区切りで、1学年です。

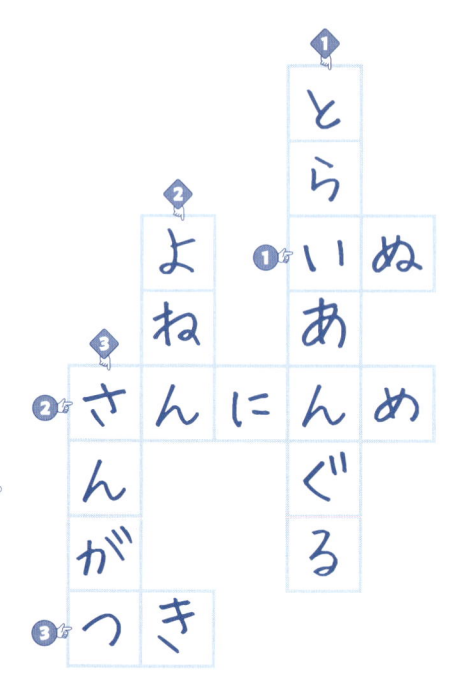

クロスワード:
- タテ1: とらいあんぐる
- タテ2: よねんさんがつ
- タテ3: さんがつ
- ヨコ1: いぬ
- ヨコ2: さんにんめ
- ヨコ3: つき

ヨコの答え

1 犬
犬が人間に飼われるようになった歴史は古いです。犬は音に敏感で、よくほえます。そのため、昔は泥棒が入らないよう家の番をさせる番犬として飼われることが多かったようです。

2 3人目

3 月
月は昔から「お月さん」と呼ばれて親しまれてきました。太陽との位置のちがいで、私たちに見える月の形は、いろいろと変わります。満月、三日月、半月、新月（月が見えません）といった、いろんな形があります。

12問 しょくぶつあてパズル

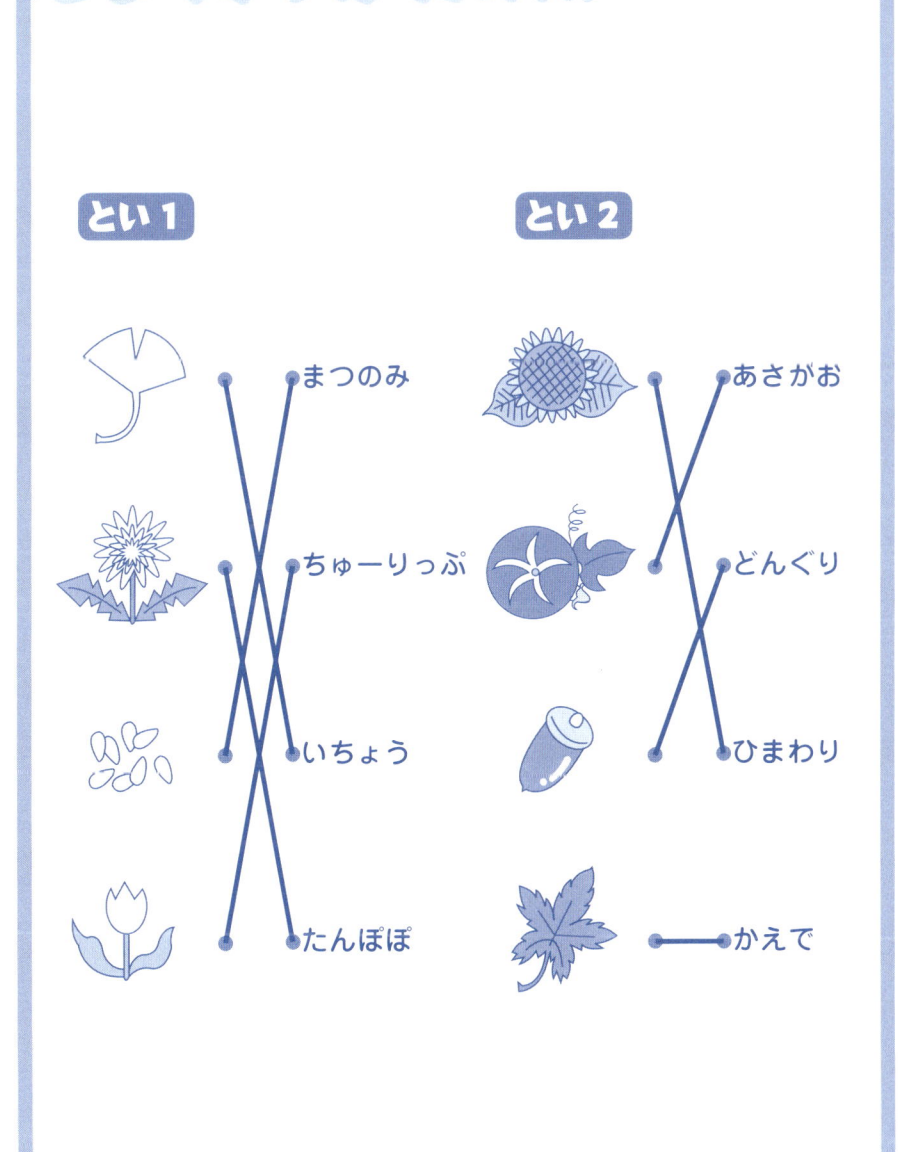

とい1

- いちょう — まつのみ
- たんぽぽ — ちゅーりっぷ
- まつのみ — いちょう
- ちゅーりっぷ — たんぽぽ

とい2

- ひまわり — あさがお
- あさがお — どんぐり
- どんぐり — ひまわり
- かえで — かえで

13 問 ★★★

タテの答え

1 子どもたち
「私」は1人ですが、2人以上の仲間がいるときは、「私たち」となります。2人以上、2つ以上になると、「大人たち」「子どもたち」「動物たち」「虫たち」など、「たち」という言葉をくわえます。

2 ななにん
「7人」のときは、「しちにん」「ななにん」と、2つの読み方がありますが、「7つ」という場合は、「ななつ」としか読みません。

3 青い
きれいに晴れた空の色。白い、あるいははい色の雲が1つもなく晴れていると、空の青さがめだちます。

ヨコの答え

1 女の子
男の子は11人、女の子は13人。13 − 11 = 2で、男の子より女の子のほうが2人多いです。

2 ドーナツ
小麦粉、たまご、牛乳、砂糖などをまぜてこね、油であげたお菓子。真ん中にあなのない形のドーナツもあります。

3 竹やぶ
竹やぶは竹がいっぱい生えているところ。同じ意味の「竹林」は「たけばやし」、「ちくりん」とも読みます。

豆知識

竹やぶの「やぶ」
竹やぶの「やぶ」は、「木や竹、草がいっぱい生えているところ」という意味があります。

クロスワード:
- 1タテ: こどもたち
- 2タテ: ななにん
- 3タテ: あおい
- 1ヨコ: おんなのこ
- 2ヨコ: どーなつ
- 3ヨコ: たけやぶ

14 問 ★★★

タテの答え

1 70枚
10 + 25 + 35 = 70

2 ここのつ
一つ、二つ、三つ、四つ、五つ、六つ、七つ、八つ、九つ。

3 気が
「気がつかない」の反対の意味は、「気がつく」。「気がつく」とは、気づく、思いつく、考えつくという意味。

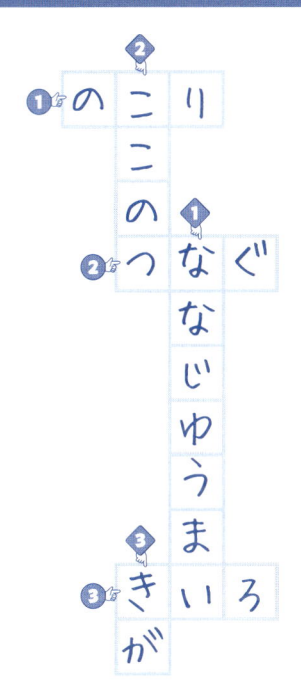

```
  ②
①の こ り
   こ
   の  ①
  ②つ な ぐ
      な
      じ
      ゅ
      う
      ま
      ③
  ③き  い ろ
   が
```

ヨコの答え

1 のこり
4 − 1 = 3
4本から食べてしまった1本をひくと、のこりは3本。

2 つなぐ
手と手をつなぐ。はなれているものが、いっしょになる、結びつくこと。はなれない、切れたりしないこと。

3 黄色
横断歩道の信号機の色には、それぞれ意味があります。青は「進んでもいい」、黄色は「止まれ」、赤は「止まれ」。黄色が点めつしているときは、「注意して安全なところに行く」という意味で、歩道をわたりかけていたら、注意して前に進むか、後ろにもどらなくてはいけません。

15問 ふゆのくらしパズル

★ ★ ★

1. としこしそば
2. おおそうじ
3. おせち
4. おぞうに 
5. かるたとり
6. たこあげ
7. はごいた
8. はつもうで

豆知識

冬のくらし

❶のとしこしそばと、❷のおおそうじは、年の終わりにおこなう行事。そのほかは年が明けてからのもの。

16問 ★★★

タテの答え

1 夏休み
夏の暑いときにあるお休み。学校のお休みでは、いちばん長い期間のお休み。

2 大切
「大事」「大切」「重要」は、ほぼ同じ意味の言葉。

3 直角三角形
三角形には3つの角がありますが、そのうちの1つが直角である三角形を直角三角形と言います。

ヨコの答え

1 ちょうない
町の中。町内会は、同じ町に住む住民が集まって、いろいろなことを話し合う会のこと。

2 九九
九九は、1から9までの数のかけ算が、すべて覚えられてとても便利です。にいちがに（2×1＝2）、ににんがし（2×2＝4）、にさんがろく（2×3＝6）と、式と答えがリズムに乗って覚えられるところがいちばんの特長です。

3 カッター
紙などを切る道具。刃はあぶないので、使うときは注意しなければなりません。

クロスワード

ち	ょ	う	な	い
よ			つ	
っ			や	
か			す	
く	く	さ	み	
さ		い		
ん				
か	っ	た	ー	
く		い		
け		せ		
い		つ		

豆知識

カッターとカット

カッターという言葉は、もとは英語の「cutter」。「かみの毛をカットする」のカットも英語の「cut」がもとです。

17 問 ★★★

タテの答え

1 カラス
1番の歌詞は、次の通り。
「夕やけ小やけで 日が暮れて
山のお寺の かねが鳴る
お手々つないで みな帰ろう
カラスといっしょに
帰りましょう」

2 540
1 m は100 cm 。

3 日記
日記は自分のために書くもので、人に見せるためのものではありませんが、有名な小説家や文化人の日記は、公開されることがあります。

ヨコの答え

1 午後
夜中の12時から、お昼の12時までを午前と言います。また、お昼の12時から夜中の12時までを午後と言います。

2 24時間
夜中の12時から、次の夜中の12時までを1日として、24時間とします。

3 ストロー
ファミリーレストランやバーガーショップでジュースを飲むときなどについてくるストローは、プラスチックでできているものが多いですね。

豆知識

ストロー
ストローは、もとは英語の「straw」からきています。意味は麦わら。昔は麦わらで飲み物を飲んだりしました。

18問 ★★★

タテの答え

1 教室
教室は、みんなで勉強したり、クラスでいろいろな活動をする部屋。

2 しじゅうに

3 野原
見わたすかぎり草が生えている、広い空き地や平地のこと。

ヨコの答え

1 せんじゅう
もう1つ「いっせんじゅう」という読み方もありますが、ここではマスの数から、5文字の「せんじゅう」が正しい答えです。

2 野にも来た
野とは、野原、原っぱのこと。歌詞は「野原も、花などがさいて、春らしくなってきた。春になった」という意味です。

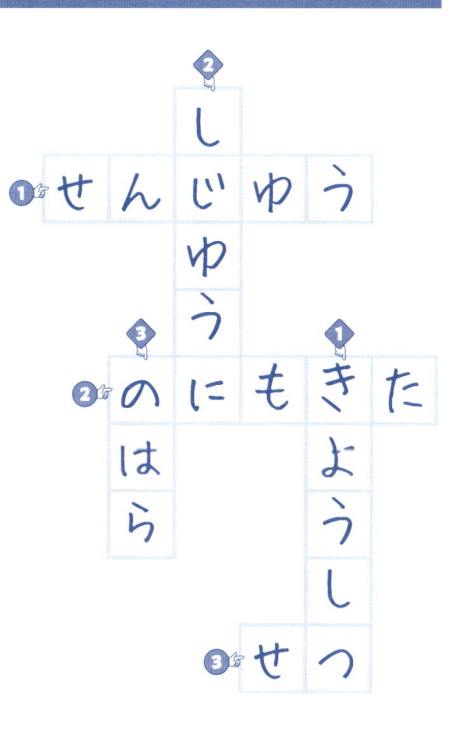

3 せつ
切開（切り開く）、親切（思いやりがあってあたたかいこと）などとも使います。また「切に思う」と言えば、「とても強く思う」という意味になります。

豆知識

『春が来た』
2番の歌詞は「花がさく　花がさく　どこにさく　山にさく　里にさく　野にもさく」。

19問 ★★★

タテの答え

1 ちち
父と同じ意味の言葉は、ほかにお父さん、父親など。「親」と一言で言えば、お母さんかお父さんかわかりませんが、「男親」と言えば父親、「女親」と言えば母親のことをさします。

2 7のだん
1のだん、2のだん、3のだん、4のだん、5のだん、6のだん、7のだん、8のだん、9のだんと、九九には全部で9つのだんがあります。

3 三拍子
音楽で使う言葉。音楽用語。三拍子は、強、弱、弱といった拍子のこと。たとえば「ツン、タッ、タッ」など、強い拍子が1つ、弱い拍子が2つ続くことです。

ヨコの答え

1 しゃかい
3年生になると、理科とともに、「社会科」という科目も勉強するようになります。

2 4分の1
1つのものを同じ大きさに4つに分けると、その1つは4分の1。4分の1が4つそろえば、もとの1つになります。

3 四角
4つの辺でかこまれている図形を四角と言います。四角形とも言います。

クロスワード:
- ヨコ1: しゃかい
- ヨコ2: よんぶんのいち
- ヨコ3: しかく
- タテ1: ちち
- タテ2: しちのだん
- タテ3: さんびょうし

20問 ★★★

ね年（ねずみ） → うし年（うし） → とら年（とら） → う年（うさぎ） → たつ年（りゅう） → み年（へび） → うま年（うま） → ひつじ年（ひつじ） → さる年（さる） → とり年（とり） → いぬ年（いぬ） → い年（いのしし）

豆知識

来年は何年？

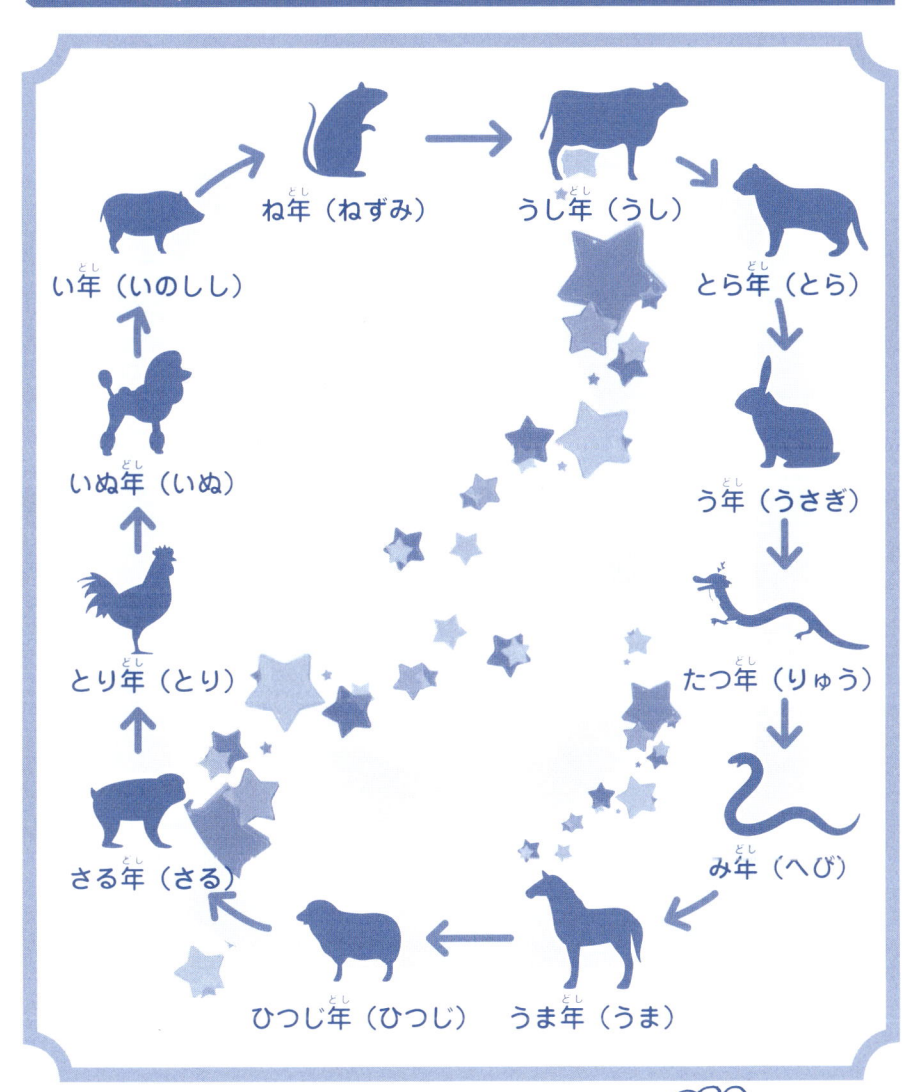

1年の終わりごろ、年賀状を書くころになると、「来年は何年？」と話題になります。十二支の中で、「たつ（りゅう）」だけは空想上の生き物なので、覚えておきましょう。

21 問 ★★★

タテの答え

1 きゅうかい
「くかい」とは読みません。回は、もともとは回す、回転するという意味があります。

2 ホッチキス
ホッチキスはホチキス、ステープラー、ステープラとも言います。

3 線
直線とも言いますが、ここではマスの頭の文字は「せ」なので、「線」が正解です。

ヨコの答え

1 秋
日本の季節は、1年間を4つに分けて、春、夏、秋、冬と言います。この4つの季節を四季と言います。

2 兄弟
同じ親から生まれた男の子たちは兄弟。同じ親から生まれた女の子たちは姉妹。

3 接着剤
工作に使われる、ものとものをくっつける文房具。すぐにくっついて、とても強くくっつけることができる接着剤を瞬間接着剤と言います。

豆知識

接着剤とのり
両方とも、ものとものをくっつける文房具ですが、接着剤のほうがくっつける力はより強いです。

22問 ★★★

タテの答え

①計画
あることをするために、どういうやり方にするか、いつまでに何をするか考えるのが、計画。同じ意味の言葉では、はじめる前に、決める「予定」もあります。

②ずがこうさく
図画工作をちぢめて図工と言います。図画は、絵をかくこと。工作はいろんなものを使って、ものを作ること。

③だんボール
ボール紙をはり合わせて作った紙の箱。だんボールは紙なのでとても軽く、持ち運びが便利です。また値段も安いため、利用しやすい箱。

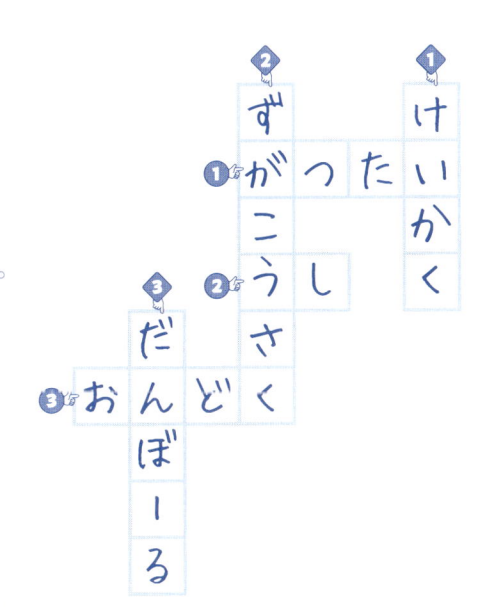

ヨコの答え

①合体
2つ以上のものが合わさって、1つになることを言います。アニメやマンガの世界では、バラバラの体が合わさって1つの体になるロボットを、合体ロボなどと言いますね。

②牛
足はおそいですが、昔から日本では家ちくとして飼われてきた大切な動物です。牛肉をとるための牛を肉牛と言い、乳から牛乳のもとをとるための牛を乳牛と言います。

③音読
声に出して読むことが音読。声に出さないで、だまって読むことを黙読と言います。

	②		①
	ず		け
①	が	っ	た
	こ		い
	②	う	し
③		さ	か
だ		く	
③ お	ん	ど	く
ぼ			
ー			
る			

23問 ★★★

タテの答え

1 小刀（こがたな）
小さな刃物、ナイフのことで、昔、鉛筆けずりがなかったころは、小刀で鉛筆をけずっていました。

2 おとうと
兄は、自分よりも年上の男のきょうだいのことで、弟は年下の男のきょうだいのことをさします。同じように姉は、自分よりも年上の女のきょうだいのことで、妹は年下の女のきょうだいのことです。

3 生活科（せいかつか）
生活科は、小学校1年生と2年生のときに勉強する科目。

ヨコの答え

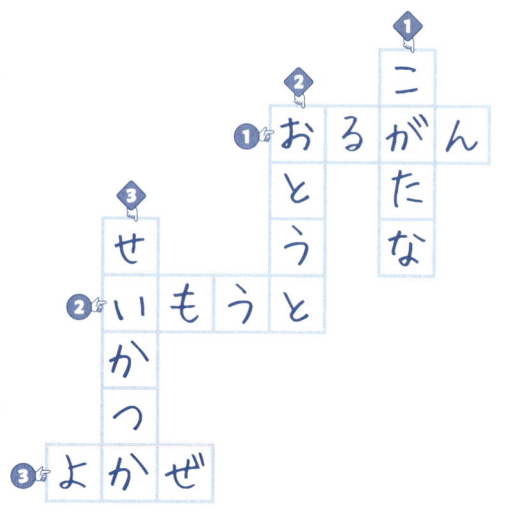

1 オルガン
オルガンは、ピアノと似ている楽器ですが、音が鳴るしくみは、ちがいます。オルガンは、足ふみを足でふんだり電気によって空気を送り、けんばんをおさえて音を出します。ピアノは、けんばんをたたくと、小さなハンマーが金属の弦を打って、音を鳴らします。

2 妹（いもうと）
自分よりも年上の男のきょうだいは兄。自分より年下の女のきょうだいが妹です。

3 夜風（よかぜ）
「夜風は体にさわる（体に悪い）」ということわざがあります。夏の暑い夜などは、夜風が吹くと気持ちがいいものですが、ずっと夜風にあたっていると、体を冷やしてしまうため、体に悪いのです。

24問 ★★★

タテの答え

1 自分
自分という言葉の反対語は、他人です。

2 さといも
イモは土の中でできる作物です。やまいもは、山でできるのでやまいも、さといもは人が住むところ（里）にできるので、さといもと呼ばれるようになりました。

3 液体ねんど
液体は、水のように流れるもの、形の決まっていないもの。水はコップに入れればコップの形に、弁当箱に入れれば弁当箱の形になり、形が決まっていません。それを液体、あるいは液と言います。

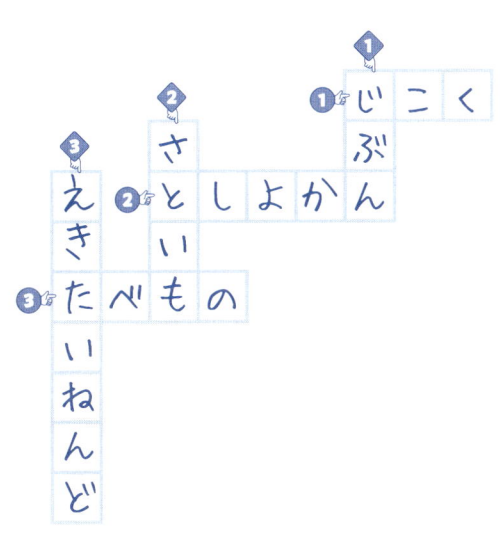

ヨコの答え

1 時刻
「時間」と「時刻」のちがいは、むずかしいです。たとえば、「20分」「1時間」と、あるまとまった時を言うときは「時間」、「1時52分」「3時11分」など、決まった時を言うときは「時刻」です。

2 図書館
みんなが読んだり、調べたりできるよう、たくさんの本をおいているところが図書館。新聞、雑誌もあります。

3 食べ物
飲むものは飲み物。食べるものは食べ物。食べ物、飲み物両方を合わせて飲食物と言います。

25問 ★★★

❶ たまご ❹ いくら
❷ えび　 ❺ いなり
❸ たこ　 ❻ いか

豆知識

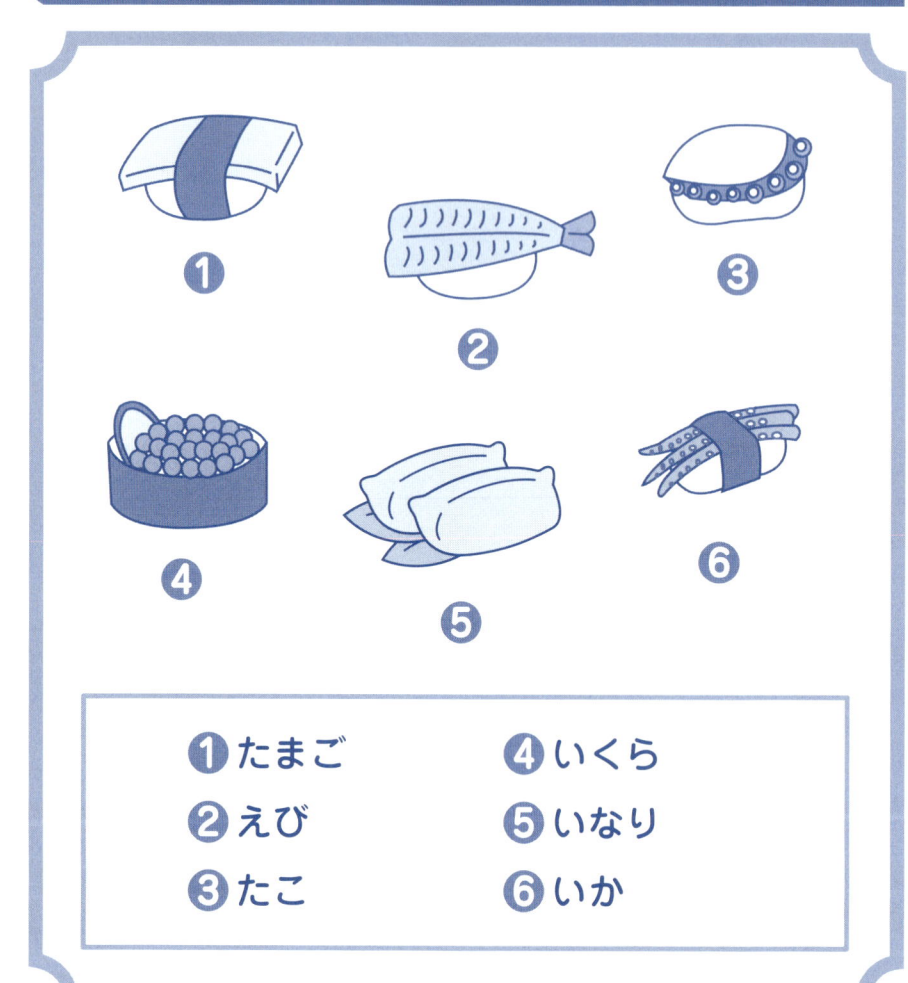

おすし屋さんの言葉

おすし屋さんでは、たまごは「玉」とも言います。また、しょうがは「がり」、しょうゆは「むらさき」、お茶は「あがり」と言ったりします。

26 問 ★★★

タテの答え

① わた毛
夏に白や赤の花をさかせるアオイという草があります。この草からとれるやわらかな、ふわふわとしたものがわた。私たちの生活の中では、わたはふとんの中に入れて、使われたりします。

② 正方形
4つの角がみんな直角だけど、4つの辺がみんな同じ長さではないものは長方形。長方形は、むかい合う2組の辺が同じ長さです。

③ みち
「道」は訓読みでは「みち」と読みます。音読みでは「どう」と読みます。

ヨコの答え

① 茶色
赤黄色に少し黒みのある色が、茶色。

② 当番
給食当番とか、そうじ当番と言います。みんなで順番に、給食の用意やそうじをする番になること。

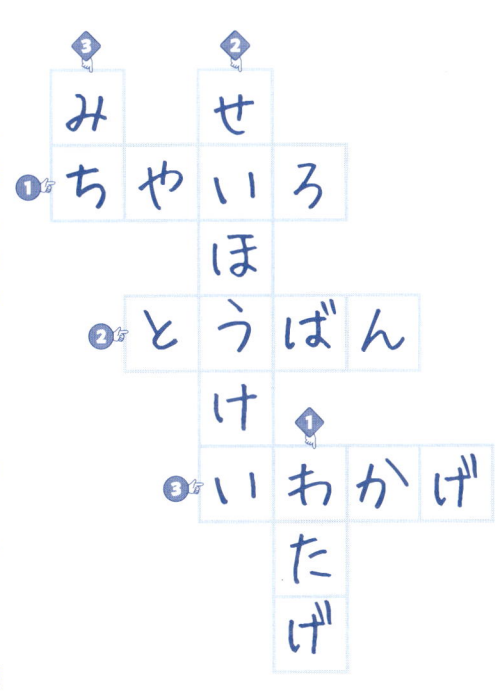

③ 岩かげ
岩にかくれて見えないところ。

豆知識

こげ茶色
茶色とにている色に、こげ茶色があります。こげ茶色は、茶色をさらに黒っぽくした色です。

クロスワード:
- ヨコ①: ちゃいろ
- ヨコ②: とうばん
- ヨコ③: いわかげ
- タテ①: わたげ
- タテ②: せいほうけい
- タテ③: みち

27問 ★★★

タテの答え

❶ 200センチ
1mは100cm。2mは200cm。

❷ 明るい
光がいっぱいあってものがよく見える状態。明るいの反対語は、暗い。

❸ 幸せ
幸せは、幸福とも言います。幸せの反対語は、不幸せ。幸福の反対語は不幸。

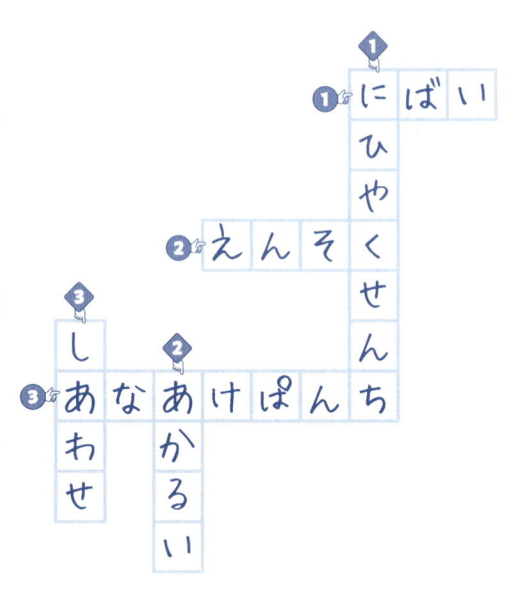

	❶に	ば	い	
	ひ			
	や			
	❷え	ん	そ	く
				せ
❸ し		❷		ん
❸あ	な	あ	け	ぱ	ん	ち
わ		か		
せ		る		
		い		

ヨコの答え

❶ 2倍
2の2倍は4、3の2倍は6、4の2倍は8。

❷ 遠足
遠足は、長いきょりを歩くので、よく体を動かすことになり、健康にとてもいいです。また自然の観察などのためにも行きます。旅行とも言えますが、遠足は旅館などに泊まらないでその日のうちに帰ってくるので、日帰り旅行とも言えるでしょう。

❸ あな開けパンチ
ただたんにパンチと言うこともあります。

豆知識

パンチ

パンチは、あなを開けるという意味のほかに、ボクシングなどで、相手の選手をなぐることを意味します。「パンチが顔にあたる」などと使います。

28問 ★★★

タテの答え

1 動物園
いろいろな植物を見ることができるところは、植物園。魚がいっぱい見られるところは水族館。

2 少年
男と女、男の子と女の子、少年と少女。それぞれ反対の言葉です。

3 直角
角度が90度の角。2つの直線が垂直に交わってできる角のこと。

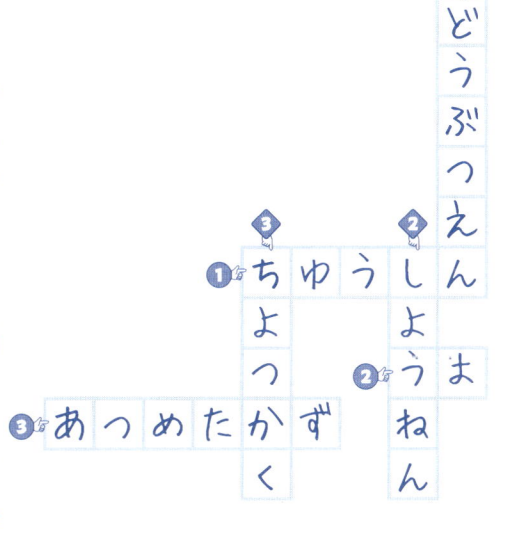

ヨコの答え

1 中心
円の中心とは、円の真ん中のこと。

2 馬
昔から日本では、畑をたがやすときや、ものを運ぶときに馬が利用されてきました。馬に乗ることを楽しみとした趣味に、乗馬があります。馬術競技はオリンピックの種目にもなっています。

3 集めた数
合わせた数、でも正解。

豆知識

馬
日本では、昔から馬が家ちくとして飼われていました。日本生まれの馬としては、長野県の木曽馬などが有名です。

29問 ★★★

クロスワード:
- ヨコ1: ひとまわり
- ヨコ2: ゆみや
- ヨコ3: くみ
- タテ1: ひゃく
- タテ2: りゆう
- タテ3: ことり

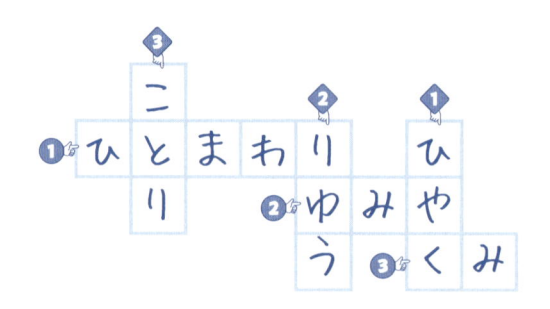

タテの答え

1 100
10を10こ集めた数は100、100を10集めた数は1000。

2 理由
理由はわけとも言います。そのようになった原因。

3 小鳥
小鳥は、体の小さな鳥のこと。体の小さな犬、猫などは、小犬、小猫と書きます。子犬、子猫の場合は、犬の子、猫の子という意味です。

ヨコの答え

1 ひと回り
ひと回りとは、1周のこと。1周は「校庭を走って1周する」などと使います。

2 弓矢
弓と矢は、昔は動物をつかまえるための狩りの道具や、戦いの道具として使われました。
日本の武道の1つに、弓で矢を射る弓道があります。

3 組
ひとまとまりになったもの。3人でまとまっているならば3人組、4人ならば4人組と言ったりします。

30問 ★★★

十二画（じゅうにかく）

雲 朝 答 番 道 間

ほかは十一画（じゅういっかく）と十三画（じゅうさんかく）の漢字（かんじ）です。

十一画（じゅういっかく）

黒 魚 雪 理 鳥 船

十三画（じゅうさんかく）

話 園 楽 新 数 電

豆知識（まめちしき）

書（か）き順（じゅん）

　書（か）き順（じゅん）は、小学（しょうがく）1年生（ねんせい）からしっかり覚（おぼ）えておくと、あとで便利（べんり）です。学年（がくねん）が上（あ）がるにつれて、どんどん新（あたら）しい漢字（かんじ）が出てきますが、書（か）き順（じゅん）をしっかり覚（おぼ）えておくと、画数（かくすう）も正（ただ）しく理解（りかい）できます。

31問 ★★★

タテの答え

1 空港
飛行機がとう着したり、飛び立ったりするところ。空の交通の中心地。

2 予想
予想とは、前もって考えること。同じ意味に「予測」もあります。

3 日時計
棒を立てて、その棒に太陽の光があたってできる影の長さなどで、時刻を知る時計。

4 二等辺三角形
三角形の仲間には、1辺の角が90度の直角三角形があります。

ヨコの答え

1 等号
等号は、しるし（記号）です。3×9＝27のように、式の左（3×9）と右（27）が同じものは、等号で結ばれます。3＜9や、3＞2など、同じでない（等しくない）ものは、＞、＜といった不等号のしるし（記号）を使います。

2 こん虫
こん虫は、頭、むね、はらの3つの部分からなり、むねには6本の足がついているもの、そのほかに2本のしょっ角、4枚の羽がついているものもあります。
身近なこん虫は、チョウ、セミ、バッタ、トンボ、アリなど。

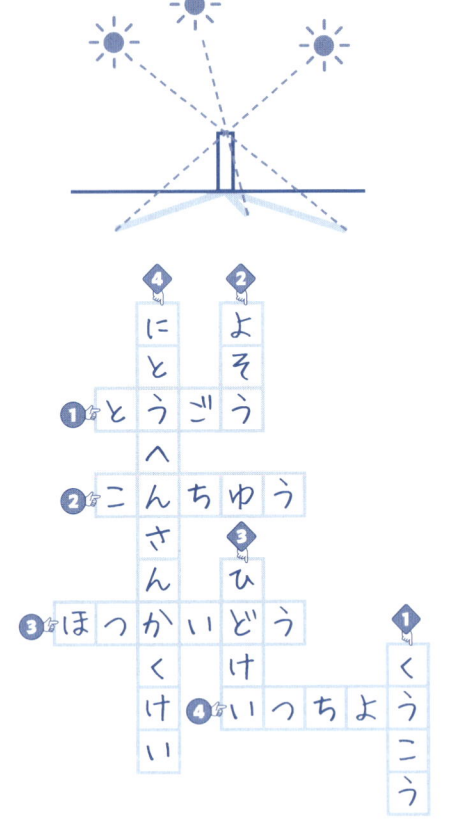

3 北海道
日本のもっとも北にあります。都道府県の「道」とは、北海道の「道」のことです。

4 いっちょう
丁目は、町をこまかく分ける単位。丁目よりこまかく分けているのが番地です。1丁目1番地と言えば、1丁目の中の、さらにこまかく分けた1番という意味になります。

クロスワード:
- タテ2: よそう
- タテ4: にとうへんさんかくけい
- タテ3: ひどけい
- タテ1: くうこう
- ヨコ1: とうごう
- ヨコ2: こんちゅう
- ヨコ3: ほっかいどう
- ヨコ4: いっちょう

32問 ★★★

タテの答え

1 金庫
金庫はお金や大切なものを入れておく、とてもがんじょうな入れもの。同じような言葉に、倉庫があります。倉庫はものを入れておくところ。

2 正三角形
正三角形の3つの角はみな同じ大きさで、60度です。

3 きゅうでん
「宮」は「ぐう」とも読みます。東京には有名な明治神宮があります。

4 カエル
水の中でも土の上でもすめる動物。種類が多く、ヒキガエル、トノサマガエルなどがあります。

ヨコの答え

1 1億
数の単位は、小さいものから1、10、100、1000、1万、10万、100万、1000万、1億。

2 森林
森林は、木がいっぱい集まって、生えているところ。

3 Nきょく
じしゃくには、SきょくとNきょくの2つのきょくがあります。2つのじしゃくで、同じきょく同士を近づけるとしりぞけ合い、ちがうきょく同士を近づけると引き合います。

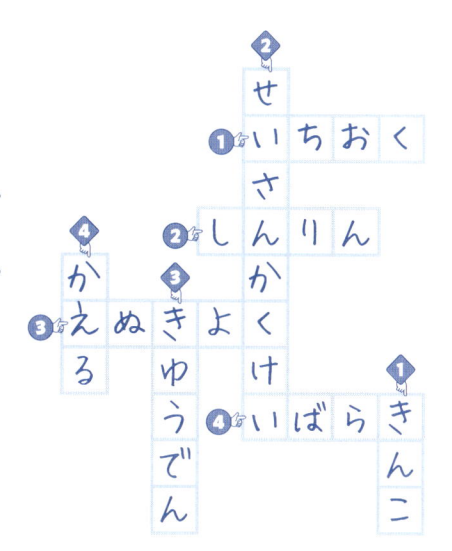

4 茨城
都道府県には、それぞれ自分の都道府県の仕事をする大きな役所があります。県にあるのは、県庁と言います。茨城県の県庁は、水戸市にあります。

豆知識

億は0がいくつ？
1億の場合は、数字で書くと0はいくつになるか、覚えておくと便利です。100000000で、8こですね。

33問 ★★★

タテの答え

① キログラム
重さの単位はグラム。1グラムは1gとも書きます。1キログラムは、1kgとも書きます。

② 年表
年表は、年代の順番にできごとや事件などをならべたもの。歴史の年表など。

③ 豆電球
豆電球は、かん電池やどう線といっしょに、実験にはとても大切な電球。電気のはたらき、明かりをつける実験には、なくてはならないものです。

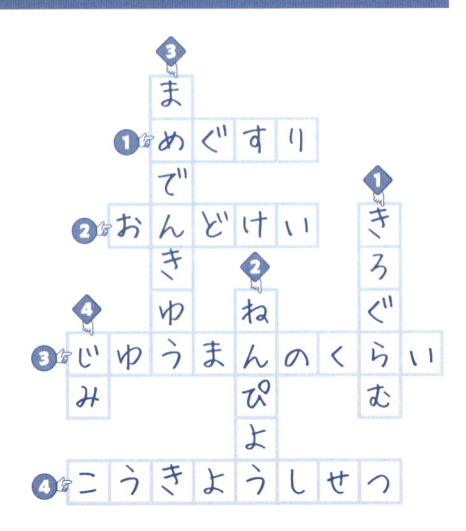

ヨコの答え

① 目薬
目薬は点眼薬とも言います。点眼とは目に薬の液をたらすこと。

② 温度計
温度計には、棒温度計や寒暖計などの種類があります。体温をはかるものは、体温計と言います。

③ 十万の位
位は、小さいものから一の位、十の位、百の位、千の位、一万の位、十万の位、百万の位、千万の位となります。

④ 公共しせつ
みんなが利用できるようにつくられた建物や場所を公共しせつと言います。小学校や役所などの建物や公園などの場所です。

④ 地味
地味には、「おちついた」という意味もあります。

クロスワード:
① めぐすり
② おんどけい
③ じゅうまんのくらい
④ こうきょうしせつ

タテ: ①きろぐらむ ②ねんぴょう ③まめでんきゅう ④じみ

豆知識

体温計ではかれる温度のはんい
体温計は、人の体温をはかるものなので、ふつうは32度から42度まではかれるようになっています。

34問 きせつあてパズル

問1

- 🍡 — 秋
- 🍜 — 夏
- 🍁(柏餅) — 春
- 🎎(鏡餅) — 冬

問2

- 豆 — 春
- 🍂 — 秋
- 七夕 — 夏
- こいのぼり — 冬

(線で結ぶと：豆→節分→冬、落ち葉→秋、七夕→夏、こいのぼり→春)

豆知識

季節

日本には、春、夏、秋、冬と4つの季節があって、それぞれに特徴があり、季節感がゆたかです。季節のことをよく知っておくと、俳句や短歌を作るときにとても便利です。

35問 ★★★

タテの答え

① 止血
血を止めるために使う薬は、止血剤と言います。

② にまんよんせんごひゃく
数字を漢字で読み書きできると、便利です。また一、十、百、千、一万、十万、百万、千万の位になれておくと、漢字の数字が自由に読み書きできます。

③ 絵地図
絵を使ってあらわした地図は、見てわかりやすいのでとても便利。

④ 方位磁針
磁針とはじしゃくの針のこと。

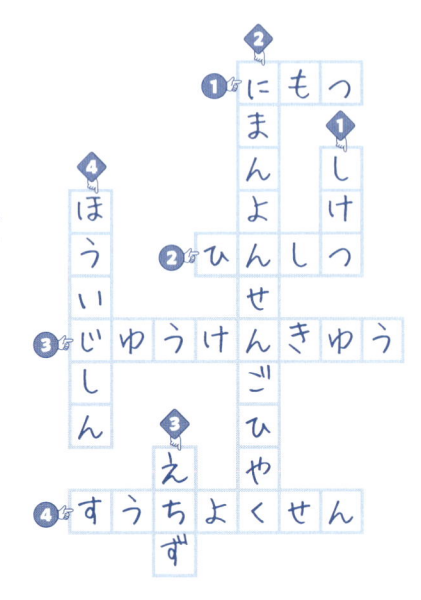

ヨコの答え

① 荷物
荷物の中で、手で持って運ぶものは手荷物。

② 品質
品質は、品物の質のこと。ものの質のことで、人間には使いません。性格は、人がもともともっている性質。性質は人間だけでなく、もの、品物にも使います。

③ 自由研究
研究とは、あるテーマについて調べて、深く知ろうとすること。自由研究は、テーマを自分で決める意味の「自由」。自分たちで決めたテーマを研究することです。

④ 数直線
直線に原点となるところを0として、そこから1、2、3、4、5と長さをあらわす目もりを入れたものが、数直線。計算しにくい大きな数も、数直線を使えば計算がかんたんです。

36問 ★★★

タテの答え

1 期待
期待とは、よいことを予想して待つこと。

2 いっきょく
曲は、メロディのこと。音楽の流れ、音の流れ。節とも言います。音楽の言葉には、曲を使った言葉は多いです。作曲、歌曲、楽曲など。

3 ぶんかざい
文化財は、国にとっても大切なものなので、法律によって守られています。

4 ひまわり
大きな黄色の花がきれいです。種類としては、ひまわりは菊と同じ仲間です。

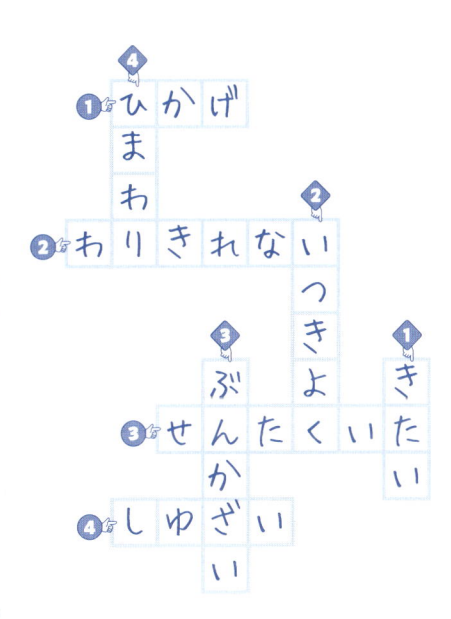

ヨコの答え

1 日陰
日の光があたらないところが日陰。日陰の反対語は、日なた。

2 わりきれない
6÷7は、6はわられる数、7はわる数で、わられる数（6）がわる数（7）よりも小さいので、わりきれません。

3 せんたく板
せんたく機がなかったころ、使われていた道具で、板にはギザギザになっているところがあります。ギザギザ部分にせんたく物をおしつけて、汚れを落としました。

4 取材
新聞には新聞記者、雑誌には雑誌記者という人がいて、取材をして記事を書く仕事をしています。

37 問 ★★★

タテの答え

1 ホウセンカ
夏から秋にかけて、赤、白、むらさきなどの色の花がさいて、とてもきれいです。

2 千万の位
「10000000」は、1000万とも書きます。

3 落ち葉
落ち葉は、葉が木のえだやくきから落ちたもの。

4 着地
着地は、飛んでいるものが地面におり立つことを意味するので、人間以外にも使います。飛行機やヘリコプターなどは、「着陸」という言葉を使います。

ヨコの答え

1 ちいきこうけん
地域に住む人々に役に立つようなことをするのが、地域貢献。貢献とは、役に立つこと。力をつくして、ためになることをすること。

2 農家
農業だけで生活をしている農家は、専業農家。農業だけでなく、ほかの仕事もして生活をしている農家は兼業農家と言います。

3 追い
「追いかける」は、先に行くものをあとから追うこと。「追いつく」は先に行くものといっしょになること。「追いこす」は、先に行くものよりも前に行くことです。

4 4倍
倍数は、ある数の何倍かの数。16は4の倍数となります。反対に、4は、16の約数と言います。約数とは、その数をわりきることができる数のこと。

豆知識
倍数と約数

16は、16÷4＝4で、4の倍数です。反対に4が4つあると4×4＝16で、4は16の約数と言います。

38問 ★★★

問1

土 イ 田 本 → 里 体

問2

ネ 口 土 ム → 台 社

豆知識

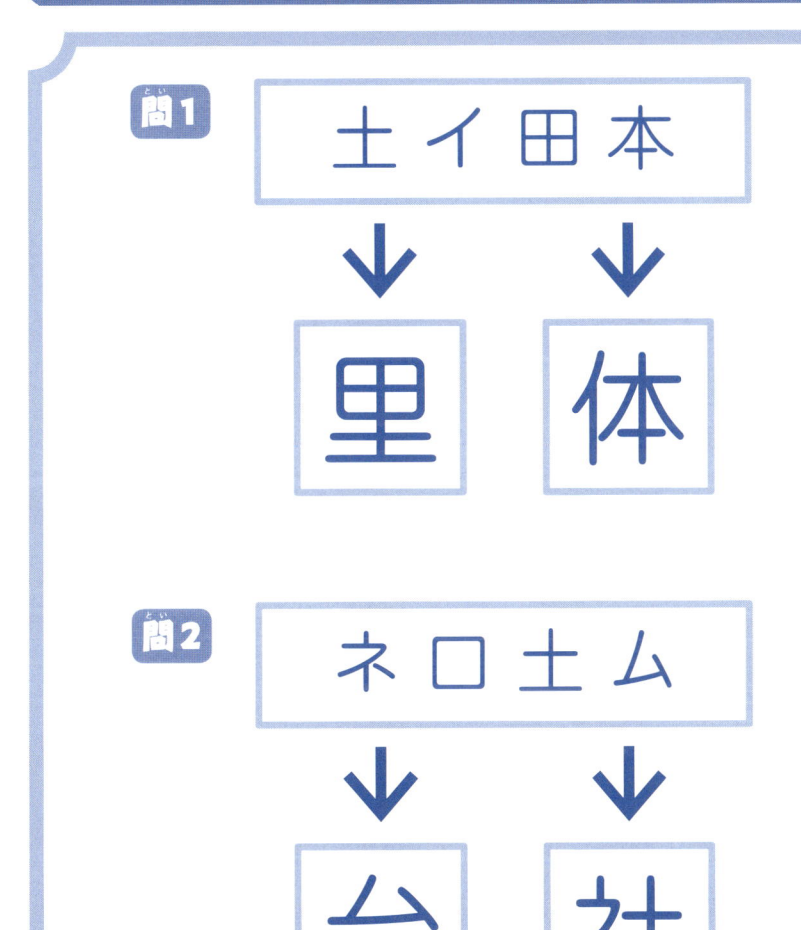

ばらばらにした漢字
　ばらばらにした漢字は、横にならべたり、上と下にならべたりして調べると、わかりやすいです。

39問 ★★★

タテの答え

1 プラスチック
鉄は電気を通して、じしゃくにつきますが、プラスチックは電気を通さないので、じしゃくにはつきません。

2 路地
路地の奥のほうを路地裏とも言います。

3 宮城県
太平洋側にあって、石巻など大きな港があります。仙台市に、役所である県庁があります。

4 あまり
27÷6＝4あまり3。27はわられる数、6はわる数。答えは4あまり3。

ヨコの答え

1 コンパス

2 アルミニウムはく
アルミニウムはくは金属。電気は通しますが、じしゃくはつかない金属です。

3 銀色
銀色はしろがね色とも言います。
金色は、こがね色とも言います。

4 返事
同じような意味に、「返答」ということばがあります。

クロスワード:
- タテ1: ぷらすちっく
- ヨコ1: こんぱす
- ヨコ2: あるみにうむはく
- タテ2: いろじ
- タテ4: あまり
- ヨコ3: ぎんいろ
- タテ3: みやぎけん
- ヨコ4: へんじ

豆知識

アルミニウムはく
アルミはくと略して言うことが多いですが、上の問題ではマスの数から、アルミニウムはくと書くのが正解です。

40問 ★★★

タテの答え

1 自由
「休み」と同じような意味の言葉は、休憩、休息。

2 むかし
ひと昔といえば、10年ほど前、ふた昔といえば20年ほど前のこと。昔の反対は、今。

3 水深
水の深さ。水面から底までの深さのこと。

4 半径の長さ
円の中心から円のまわりまでの直線は半径。円のまわりから、円の中心を通り、反対側の円のまわりまでの直線は、直径。

ヨコの答え

1 2000ｇ（2千グラム）
1ｋｇは1000ｇ。

2 回路
回路は、電気の通り道で、電気が流れています。かん電池から豆電球に電気が流れることによって、明かりがつきます。

3 サービス
サービスすることを中心とした仕事は、サービス業とも言います。

4 詩集
詩集には、たくさんの詩が集められています。詩を書く人を詩人と言います。

41 問 ★★★

タテの答え

① 次回
前回は「この前のとき」、今回は「このとき」、次回は「この次のとき」という意味。

② 工場見学
社会科見学では、工場のほかに、博物館や美術館、商店街や駅、港なども見学します。人々の暮らしのわかる場所を見学して、体験するのが目的です。

③ 交わる
二等辺三角形をかくときは、コンパスを使わないと、頂点の場所をうまく決められません。

④ 砂鉄
砂鉄がじしゃくにつくのは、砂鉄の中には、こまかいつぶとなった鉄鉱石があるからです。鉄鉱石とは、鉄などの金属をふくんでいる石です。

ヨコの答え

① かまぼこ
魚の身をすりつぶして、焼いたり、むしたりして味をつけた食べ物。板がついたかまぼこはよく見かけますが、板のついていないかまぼこもあります。

② 児童館
児童館は、学校の授業が終わったあと、放課後に安心して遊んだりできる場所です。

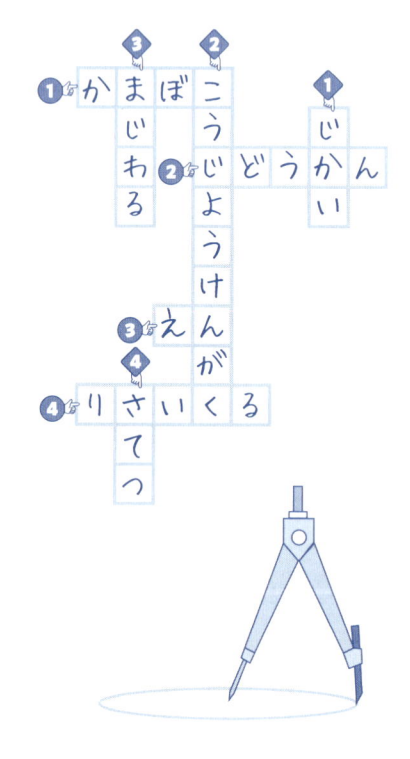

③ 円
コンパスを使って、円をかく練習をしましょう。

④ リサイクル
身近なものでは、空きかん、空きびん、ペットボトル、だんボール、新聞などがリサイクルされています。

	③か	②こ		①じ
①か	ま	ぼ	こ	
	じ	う	②ど	か
	わ	じ		い
	る	ょ		
		う		
		け		
	③え	ん		
	④さ	が		
④り	さ	い	く	る
	て			
	つ			

42問 ★★★

1. おなべのカレーが**とろとろ**になってきた。

2. **わざわざ**わすれ物をとどけてくれて、ありがとう！

3. 明日は友だちと遊ぶので、今から**うきうき**楽しいな。

4. みんなの前では、はずかしくて**もじもじ**してしまう。

5. 雨は**ますます**はげしくなってきた。

6. **いよいよ**わたしも来年は４年生。

豆知識

同じ意味をあらわす言葉
5は、「だんだん」「いよいよ」とも言います。

43問 ★★★

タテの答え

1 ふん
鳥だけでなく、動物のこう門から出る食べ物のかすは、ふんと言います。同じ意味の言葉は、うんち、くそ。

2 直径
1つの円の直径はみな同じ長さで、半径の2倍の長さです。1つの円では、半径はどれもみな同じ長さです。

3 望遠鏡
遠くのものを大きくして見るための器械。とても小さなものを大きくして見る器械は、顕微鏡。

4 放送
学校でおこなう放送は、校内放送。

ヨコの答え

1 棒グラフ
棒グラフは、大きさをくらべるとき、ひと目でわかる便利なグラフです。

2 モンシロチョウ
モンシロチョウは葉っぱなどにたまごを生みます。そして、たまご→よう虫→さなぎ→せい虫と育ち、羽がのびます。

3 北東
北と東の中間の方角。東北とも言います。北東の反対は、南と西の中間の南西。南西は西南とも言います。

4 さいわい
「寝坊したけど、さいわい電車に乗れた」と言う「幸い」は、「運よく」の意味。

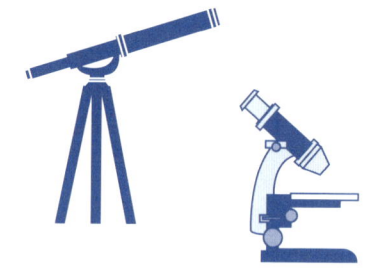

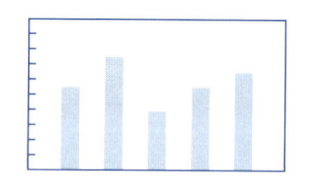

クロスワード:
ヨコ1 ぼうぐらふ
ヨコ2 もんしろちょう
ヨコ3 ほくとう
ヨコ4 さいわい
タテ1 ふん
タテ2 ちょっけい
タテ3 ぼうえんきょう
タテ4 ほうそう

44問 ★★★

タテの答え

1 まく
種をまいてからは、土がかわきすぎないように水やりをします。

2 南東
南東は南と東のちょうど間の方角。南東の反対は、北西。北西は北と西の中間の方角です。

3 60秒
1分より短い時間をあらわすには、秒という単位があります。たとえば35秒とか53秒など。60秒は1分。

4 有名
多くの人々に知れわたっているのが有名。有名の反対語は無名。「無名の新人」などと使います。

ヨコの答え

1 巣穴
巣は、鳥や虫、動物などがたまごを生んだり、子といっしょにすごすところ。巣穴は、土などをほった穴の中にあるものをさします。

2 km
1000 m は1キロメートル。1 km と書きます。

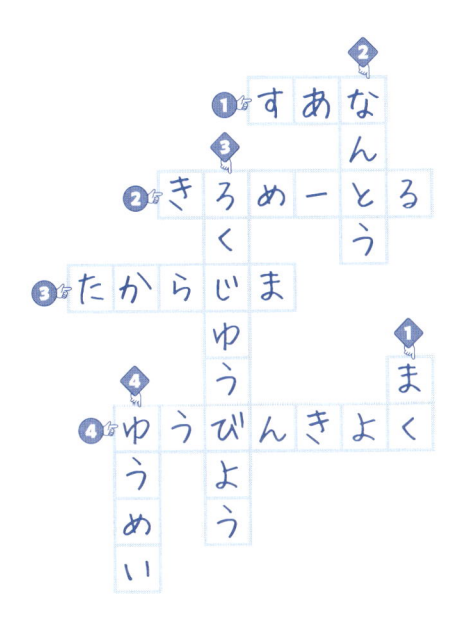

3 宝島
宝島は空想の島。ちなみに、同じような言葉に、宝船があります。宝船は、七福神という7人の神様が乗って、宝物もつんでいる船のこと。

4 郵便局
切手は、正式には郵便切手、はがきは郵便はがきと言います。

クロスワード:
ヨコ1: すあな
ヨコ2: きろめーとる
ヨコ3: たからじま
ヨコ4: ゆうびんきょく
タテ1: まく
タテ2: なんとう
タテ3: ろくじゅうびょう
タテ4: ゆうめい

豆知識

巣箱
人間が小鳥などの巣のために作った箱を巣箱と言います。野生の鳥を守るために作ることもあります。

45問 ★★★

タテの答え

① 守備
守備は守ることで、攻撃をふせぐこと。戦いには攻撃と守備があります。

② 肥料
肥料は、肥やしとも言います。

③ 5丁目
市や区という単位を、さらに小さく分けた単位が町。町をさらに小さく分けた単位が丁目です。丁目をさらにこまかく分けた単位が番地です。

④ わられる数
18÷2は、18と2を逆にして2÷18とすると、答えがまったくちがうものになります。たし算（たとえば18＋2）、かけ算（たとえば18×2）は、数字を逆にして、2＋18、2×18にしても答えは同じ。しかしわり算、ひき算（たとえば18－2と2－18）は、答えがちがってきます。

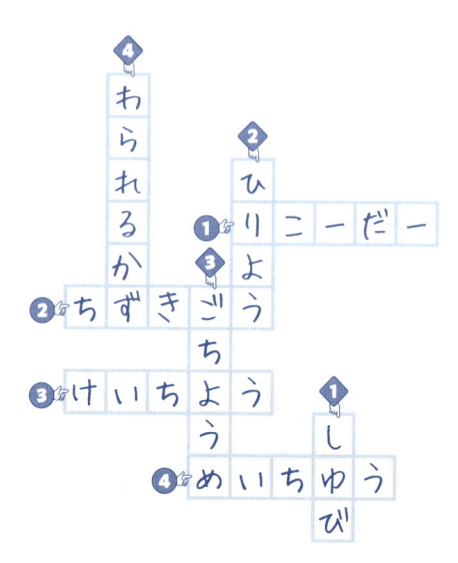

ヨコの答え

① リコーダー
たて笛とも言います。

② 地図記号
地図記号はこのほかに、空港、港、警察署、田・水田、畑などがあります。覚えておくと地図を見るときに便利ですね。

（空港　港　警察署　田　水田　畑）

③ けいちょう
「けいじゅう」とも読みます。ものの軽いことと、重いこと。さらに「重要ではないことと重要なこと」といった意味があります。

④ 命中
ねらったところに、見事にあたること。同じ意味に、的中があります。

桂聖（かつら　さとし）

筑波大学附属小学校教諭。筑波大学非常勤講師兼任。山口県出身。山口県公立小、山口大学教育学部附属山口小、広島大学附属小、東京学芸大学附属小金井小教諭を経て現職。25万部を突破したベストセラー『なぞらずにうまくなる子どものひらがな練習帳』をはじめ、『なぞらずにうまくなる子どものカタカナ練習帳』（以上、実務教育出版）、『国語授業のユニバーサルデザイン』（東洋館出版社）、『フリートークで読みを深める文学の授業』（学事出版）ほか著書多数。授業のユニバーサルデザイン研究会代表、光村図書国語教科書編集委員なども務める。

- 装丁／藤田知子
- 恐竜キャラクター・イラスト／MAKO.
- 本文デザイン・DTP／新田由起子・徳永裕美（ムーブ）
- 本文イラスト／近藤智子
- 編集協力／㈲仁デザインコミュニケーション
  　　　　　㈱文東社
  　　　　　小沢市子
  　　　　　榛名美恵子

「ことば力（ちから）」が身につく！
小1～小3
語彙力（ごいりょく）アップ・パズル

2015年 8 月31日　初版第1刷発行
2020年10月10日　初版第2刷発行

監修者　桂 聖
発行者　小山隆之
発行所　株式会社 実務教育出版
　　　　163-8671　東京都新宿区新宿 1-1-12
　　　　電話　03-3355-1812（編集）　03-3355-1951（販売）
　　　　振替　00160-0-78270

印刷／文化カラー印刷　　製本／東京美術紙工

© JITSUMUKYOIKU-SHUPPAN 2015　　Printed in Japan
ISBN978-4-7889-1097-3 C0037
本書の無断転載・無断複製（コピー）を禁じます。
乱丁・落丁本は本社にておとりかえいたします。

好評発売中！ 25万部突破

子どもが自分から練習し始める本！

なぞらずにうまくなる
子どものひらがな練習帳

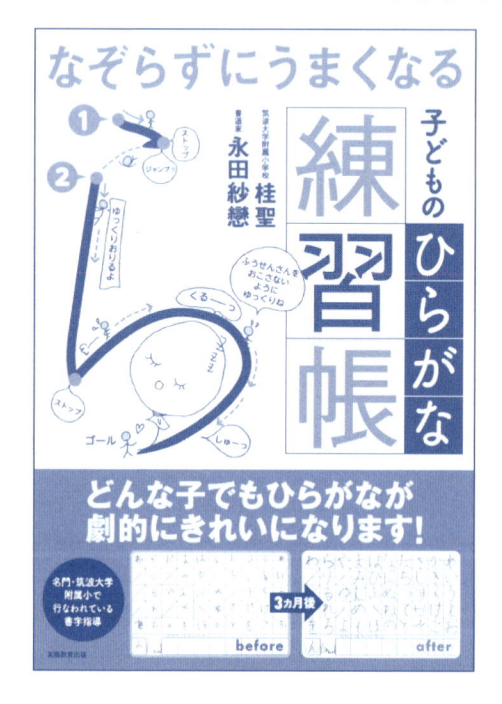

筑波大学附属小学校 桂聖・書道家 永田紗戀【著】

[ISBN978-4-7889-1052-2]

名門筑波大学附属小学校で行なわれている書字指導を初めて書籍化！子どもの陥りやすい点を熟知しているからこその的確なアドバイス。そして、新進気鋭の書道家による、ひらがなの形を楽しくイメージさせるイラストが大評判。「子どもが楽しそうに練習している」と絶賛の声続々。

実務教育出版の本